歷史在搞什麼東西？

皇帝真是苦差事

劉樂土 ◎著

前言

世上有兩部歷史，一部是滿紙假話的歷史，是給皇太子看的；一部是大膽揭露秘密的歷史，它才能還原歷史的本來面目……——法國・巴爾札克

請問皇帝陛下，到底是誰傻？

古今中外，「皇帝」這個身分，一向是人人爲之眼紅心跳的「大位」。它不但象徵著權力的最高峰，也代表著一輩子的榮華富貴，更意味著可以爲所欲爲，天下盡爲自己掌控。皇位充滿了如此大的誘惑，豈能不讓所有人爲之垂涎欲滴？

然而，皇帝人人愛做，卻不是人人都能做，皇位人人想要，卻不是人人都能坐得穩！看看歷史上的諸多明證，親子離間、手足相殘、後宮美女太多、爭風吃醋……每樣事都讓皇帝老爺傷透腦筋，帝王的心事又有誰能了解？

對已經是含著金湯匙出生的皇家子弟而言，立儲的鬥爭從在母親腹中就已經開始，如呂不韋處心積慮地將自己已懷有身孕的愛妾送給太子異人，才讓後來的秦始皇順利登上皇位。即使已經

穩坐帝位，仍然不時要擔心自己的手足是否會篡位奪權。爲了保證自己高枕無憂，甚至不惜痛下殺手，如清太祖殺弟捍衛政權。甚至貴爲一國之尊，竟然不能事事自主，只能做一個傀儡，任憑擺佈，形同囚徒，如同治及光緒的遭遇。

想做皇帝卻當不了皇帝是一種悲哀，然而，有的人不想做皇帝卻當上了皇帝，更是一種不幸，只因生在帝王之家，只好壓抑或犧牲自己的興趣，過著生不如死的日子，反而以其才藝揚名後世，如南唐李後主的艷麗文筆、明熹宗以「木匠天才」著稱。

「皇帝」這個位子，堪稱是史上最高薪的工作，卻也是風險最高的工作，只要稍一不慎，就會面臨被罷免撤換的命運，不但要隨時保持警覺，夙夜匪懈，勤政愛民；還需不時強身健體，才不至過勞死；更得早早將後事安排妥當，培養好接班人選，以備不時之需；如此高難度又難討好的差使，有什麼好做的？少傻啦！

目錄

只怨生在帝王家

皇上也兼差

名人部落格

目錄

後宮有夠亂

目錄

越獄風雲

只怨生在帝王家

被母親架空的帝王

同治之謎

同治帝（一八五六～一八七五）名載淳，咸豐帝之長子。咸豐十一年（一八六一）七月立為皇太子，十月即皇位，年六歲。由東西兩宮皇太后垂簾聽政，一直至同治十二年正月方親政。親政後，詔禁粟，並積極籌措海防、練兵諸事。是年十二月初四，病卒於養心殿。諡毅皇帝，廟號穆宗，葬惠陵。

關於清穆宗同治皇帝之死，官方的說法是生天花後搶救無術而身亡的。百日之後，皇后也隨之俱去，不能不引起很大的震驚，朝野對他們的死因議論紛紛。帝后兩人棄世僅僅相隔兩個月，這其中的確讓人感到很不正常，想必其中必有隱情，因此民間有很多離奇的傳聞。

讓我們先來了解一下同治帝后命運的來龍去脈，同治即位時年僅六歲，起初是由八大臣輔政，不久咸豐皇后鈕祜祿氏和貴妃那拉氏聯合恭親王奕訢發動政變，從此便由慈安太后鈕祜祿氏和慈禧太后那拉氏一同聽政。

同治十一年，兩位皇太后準備爲十七歲的同治皇帝選立皇后。這本是件好事，誰知卻由此引出禍端。當時作爲皇后人選的有兩位姑娘，一位是侍郎崇綺的女兒，一位是侍郎鳳秀的女兒。慈禧想選立鳳秀的女兒，可是慈安和同治皇帝本人卻都看中了崇綺的女兒，崇綺的女兒阿魯特氏被選立爲皇后。慈禧對此非常惱火，從此後，處處與同治及皇后阿魯特氏爲難，甚至干涉他們之間的宮闈生活。

在挑選皇后的問題上，兩宮皇太后意見不一。慈安看中了蒙古正藍旗、翰林院侍講崇綺之女阿魯特氏，崇綺是第一位蒙古狀元，書香門第，阿魯特氏生長在這樣的家庭，知書達理，自幼即「淑靜端慧」，「容德甚茂」、「動必以禮」，有著很好的文化素質。慈安皇太后的心意確實是爲載淳的幸福和宮闈的安寧著想。因爲載淳年輕，需要一位端莊貞靜的妻子來約束後宮妃嬪。是年阿魯特氏年十九歲，尙長載淳兩歲。選這樣一位「賢姊皇后」，當婆婆的可省去不少心。

然而，慈禧想的卻不是這些，她首先想到阿魯特氏的外祖父鄭親王端華，曾經是咸豐皇帝重用、臨終選定的八顧命大臣之一，又是「辛酉政變」中被慈禧打倒並賜自盡而死的政敵，她不願將皇后的位置給自己政敵的外孫女。她看中的是滿族鑲黃旗員外郎鳳秀之女富察氏，此女當時才十四歲，慈禧愛其聰明穎慧，姿容俏麗。

兩宮皇太后各有屬意之人，關鍵就在當事人載淳的意見了。慈禧雖爲載淳生母，但她對兒子的疼愛關心遠不如慈安，因此載淳平素也願聽慈安的話。在此事委決不下的情況下，便召來載淳，令其自己酌定。不想載淳竟與慈安的心意相同。加之慈安「國母」的威望，慈禧雖滿心不願意，也只好表示同意。

阿魯特氏與慈禧的性情與愛好完全相悖。阿魯特氏端莊有禮，喜愛背誦唐詩，慈禧太后則嗜好看戲，而且經常要由皇后陪同一起觀看。遇到演淫穢戲時，阿魯特氏即面向牆壁。無論慈禧怎樣說，她也不看。慈禧因之對其恨之入骨。

阿魯特氏與同治的關係非常親密，每次見到皇帝都笑臉相迎。慈禧非常嫉恨。由此，載淳與阿魯特氏的婚姻從一開始就埋下了不幸的種子。因爲專橫跋扈的慈禧眼裡是容不下她不喜歡的人的。婚後，儘管阿魯特氏在慈禧面前處處小心，但慈禧對這位兒媳卻耿耿於懷，經常找事刁難。

載淳燕爾新婚，自然常到皇后宮中，一對小夫妻，相親相愛，做母親的本該高興，但慈禧卻恰恰相反，這更引起她的妒嫉和反感。她一面對皇上說慧妃如何賢慧，令載淳多到慧妃宮中，與之親近，一面又以「皇后年少，未嫻宮中禮節，宜使時時學習」爲名，不准載淳到皇后宮中，企圖拆散這對恩愛夫妻。但載淳又偏不到慧妃宮中，後來索性到養心殿獨宿。

而皇后雖然明知慈禧在刁難她，但她卻以自己是明定的皇后，是從大清門奉迎入宮，名正言順，自己又無失德之處，慈禧也不能把她怎麼樣，也就不肯在慈禧前阿諛奉承，所以，慈禧太后平日每每刁難阿魯特氏，借故訓斥。有一年，甚至要將她的皇后廢掉。多虧宗人府宗令、惇親王奕誴出來主持公道，阿魯特氏才避免了一場災難。

一日，皇后阿魯特氏到養心殿看望同治帝病情，臥榻旁夫妻倆相依談心，皇后為婆媳之間不睦之事而傷心落淚，皇帝百般勸解安慰，曰：「多忍耐些時光，將來總有出頭之日。」孰不知隔牆有耳，這些話飛到慈禧耳中，一場大禍從天而降。慈禧闖入皇帝內室，淫威大作，破口大罵：「好個狐媚子，又來勾引皇帝！」皇后辯白：「我是乘鳳輦從大清門迎娶進宮的，天下皆知，皇帝生病我前來探看，犯了什麼罪？」

這幾句話猶如火上潑油，慈禧認為皇后是譏諷她為秀女入宮，出身低賤，便上前一把抓住皇后的頭髮，連撕帶打，皇后哪敢還手，慈禧又咬牙切齒地呼喊太監：「拿棍杖來伺候！」

同治十三年（一八七四），雖然名義上兩宮太后歸政皇帝，可是實際上，慈禧太后仍然把持著大權，同治皇帝只是個傀儡，不論是朝廷大事，還是家庭夫妻的私生活，處處受到慈禧太后的粗暴干涉，而自己性格軟弱，無力反抗，即使反抗，也不是母后的對手，於是索性自暴自棄。

在宮中，同治無事可做，悶得發慌，於是瞞著兩位太后，帶上十幾名隨身小太監，都換上藍布長衫，百姓打扮，偷偷出宮，在京城到處遊逛，大小館子也吃得不少。

他微服出遊，最怕碰見王公大臣；因此，凡是大的娛樂場所、大店鋪、大飯館都不敢去，他經常光顧的地方是天橋夜市場、韓家潭妓院，以及冷僻街道的茶館、酒店。總之，這些小地方，王公大臣是不屑一顧的，恰好是他的自由小天地。日子久了，北京城裡逐漸傳遍了同治帝微服出遊的事，只瞞著慈禧太后一人。

同治十三年十二月同治帝崩，太醫院公布病情是「出天花」，據說是在潭家妓院染上了梅毒，當時還沒有治梅毒的特效藥，太醫們認爲萬歲爺害梅毒太不光彩，只得說成「出天花」掩蓋過去。親政僅兩年，十九歲的同治皇帝就死在養心殿中。

載淳死時無嗣，論理當爲其立嗣，又因自己無子，本應由宗室內「溥」字輩中找繼承人，當時王公們認爲第一代恭親王奕訢之孫溥倫依序當立；奕訢有三子，均早死，有孫溥偉、溥倫、溥儒等，但慈禧太后認爲如依序而立，則自己便成了太皇太后，不能垂簾聽政，只能在宮中頤養晚年了，嗜權如命的慈禧怎麼肯如此寂寞地度過下半生？所以，慈禧指定迎立醇親王之子載湉，六歲的載湉是載淳的堂弟，也是慈禧胞妹之子，可謂親上加親。這樣，慈禧仍能當她的皇太后，繼續「垂簾聽政」，把持朝政。

當慈禧使政權按照自己的心願平穩地交接後，皇后阿魯特氏僅得了一個「嘉順皇后」的封號，成了新君的寡嫂，自然無權無勢，與朝政無緣。在載淳死後不足百日，也撒手人寰，追隨同治皇帝去了。

皇后阿魯特氏的突然故去發生在那樣一個敏感的背景下，人們對此便多有傳言。據說同治死後，慈禧立載湉爲帝，阿魯特氏心中悲痛，以絕食進行抗議。慈禧得知此事，立即叫人找來阿魯特氏，親手打了她一耳光，大罵說：「你害死了我的兒子，難道還想再當皇太后？」阿魯特氏跪於地，哭泣不止。過了許久，才被允許回宮。自此，皇后終日悲哭，雙目紅腫，身體虛弱憔悴。

一天，阿魯特氏的父親崇綺進宮看女兒，見到這種情景，心如刀絞，立刻向慈禧太后稟報。慈禧聽後，陰險地說：「既然皇后這樣悲痛，那就讓她隨同治皇帝一起去吧。」當日過後不久，即從宮中傳出皇后阿魯特氏身亡的消息。這時距同治皇帝去世，只有兩個半月的時間。

還有的說是同治皇后是被慈禧逼迫吞金而死。丈夫在世時，阿魯特皇后尚且有自己的知心人，丈夫一死，宮中唯一爲自己撐腰的人都沒了，她深深爲自己渺茫的前程感到絕望，想到慈禧的專橫和陰毒，皇后萬念俱灰，吞金自盡，在光緒元年二月二十日崩逝，時年二十二歲。

慈禧與大白菜

慈禧晚年時，得了一場重病：高燒不退，且口乾舌燥、咳嗽痰多、心慌怕冷，以致呼吸困難、上氣不接下氣。而且不想吃飯，吃什麼吐什麼，四肢無力，宮內御醫治療都無效。

這時，有一個御醫從遠道而來的和尚那裡得到了一帖偏方，偏方只有八個字：「少吃肉魚，多吃白菜。」慈禧為了保命，在治療期間，只好不再吃那些大魚大肉了，而改吃以大白菜為主的白菜宴，御廚把白菜做成各種樣式的菜餚，味道鮮美，清爽可口，慈禧吃後，慢慢增進了食慾，身體也逐漸康復。從此，她對大白菜讚不絕口，稱大白菜為「天下第一菜」。

棺柩前的新汗王

皇太極之謎

清太宗（一五九二～一六四三）皇太極，努爾哈赤第八子，自幼聰穎過人，少言寡歡，工於心計，性情內斂剛毅。成年後隨父作戰，勝績累累。努爾哈赤卒後嗣位，為天聰元年。其設文館、理藩院，行科舉，創漢八旗。十年稱帝，建國號大清，其後屢破明軍，使明廷關外精銳盡失。崇德八年（一六四三）中風暴卒，葬昭陵，尊謚文皇帝。

中國歷代皇朝的立儲即位多半都會成為一道關隘，許多人因此殺頭流放，許多人也因此得意榮升，形成朝中的大換血。有時候簡直就是一次政治地震，造成社會的動盪，比如唐代的玄武門之變、東晉的八王之亂等等。努爾哈赤建立的後金是怎麼渡過這一關的呢？

儘管努爾哈赤的兒子眾多，而且幾乎個個都是不可多得的人才，但要選出最好的一個繼承汗位，也令他頗為躊躇。長子褚英之死讓努爾哈赤對嫡長子繼承制失去了興趣，便把目光移向其他子侄：三貝勒莽古爾泰跟自己感情不深厚；四貝勒皇太極心術太重；二貝勒阿敏畢竟不是兒子而是侄子。努爾哈赤找不到滿意的人選，於是又回到滿族傳統的推舉制，明確規定，待他百年之後要由八旗貝勒，即四大貝勒與四小貝勒，共同推舉新汗。

不知是對幼子的偏愛，還是受蒙古幼子守家習俗的影響，努爾哈赤在臨終前幾年，又萌生傳位第十四子多爾袞、第十五子多鐸的念頭，而這兩個幼子當時年僅十歲左右，難孚眾望。努爾哈赤在繼承人的問題上朝秦暮楚，結果誘發了眾多子侄對汗位的覬覦。

然而最後登上汗位寶座的是不怎麼看好的皇太極，實在令人大惑不解，皇太極為什麼又能異軍突起？他到底用了什麼高明的手段贏得了這場兄弟之爭？他的汗位是努爾哈赤制定的，還是篡奪的，還是滿洲貴族眾望所歸，共同推舉的？今天，這一切都定格成了一個撲朔迷離的謎案。

皇太極年少喪母，在孤獨中，他度過了童年，這境遇更激發了他爭勝好強、奮發圖強的性格特徵。眼前有父親這樣一位使他崇敬、效仿的榜樣，而統一女真的頻繁戰事更給了他磨礪鍛煉的極好機會。最突出的一點，是他勤勉好學，在後金的諸貝勒中，他是惟一能夠識漢文讀漢書的一個。勇氣加智慧，使他得以在天命元年後金建國時，成為掌國四大貝勒中最年輕的成員。

他的表現是無可挑剔的，戰場上他身先士卒、英勇作戰，在薩爾滸大戰中、攻取瀋陽的週邊戰中，皇太極不顧汗王的親自勸阻，冒險衝到最危險的地方，而且只要是與太子代善共同出戰，他一定衝殺格外出色、戰果格外輝煌，總勝代善一籌。更重要的是他知書讀史，有計謀，善於收攬人心，有賢明之稱，所以他能夠團結一大批年輕的女真貴族，他們思想相通、比父兄一輩有更大的雄心和更高的抱負，可稱之為後金皇朝貴族中的少壯派，皇太極成為這一批人的精神和思想領袖。

雖然皇太極英雄了得，但是一些明清史專家認為，皇太極汗位是從其幼弟多爾袞手中篡奪來的。清人蔣良騏的《東華錄》順治八年（一六五一）二月己亥詔內載，多爾袞聲稱「太宗文皇帝（皇太極）之位原係奪立」，暗示皇太極篡奪汗位。據說，努爾哈赤生前已立多爾袞為嗣子，而皇太極用陰謀狡詐的手段從其幼弟手中奪取了汗位，為除去篡位障礙，還逼迫多爾袞生母大福晉那拉氏殉葬。此說受到一些人懷疑，因為努爾哈赤痛恨多爾袞生母不忠，去世前特命她死殉。

據多爾袞的生母，也就是努爾哈赤的大福晉敘述，汗王臨終的遺言是：由十四子多爾袞承汗位，由大貝勒代善輔政，待多爾袞成年後，代善歸政，眾人全都驚呆了。這可能是汗王的遺囑嗎？完全違背了大汗生前反覆訓示過的八王共執國政的體制。皇十四子多爾袞才十三歲，還是個孩子，既無功業，亦無威望，故不可能立多爾袞為嗣。

須知汗王薨逝之時，諸貝勒無人在側，只憑大福晉口述遺囑，誰能證實？而且皇太極即位後，對多爾袞「特加愛重」，大力培養提拔，多爾袞對皇太極的恩育萬分感念，盡心盡力輔佐皇太極，勳勞卓著，成為皇太極最得力的助手。總之，皇太極與多爾袞兄弟感情較好，無法想像皇太極對多爾袞幹下篡位、殺母的勾當。

還有學者認為，皇太極汗位並非奪立，而是由諸貝勒推舉產生。太祖努爾哈赤生前未立太子，而是確立了八和碩貝勒共治國政的制度，爲汗者需由貝勒推舉產生。根據正史的記載，大貝勒代善的長子小貝勒岳托和三子小貝勒薩哈廉議論商量好了以後，同到父親處稟告說：

「國家不可一日無君，應該及早定下承襲大事。四貝勒皇太極才德冠世，深得先汗王之心，眾人也都心悅口服，理當請四貝勒速即大位。」

代善說：「這正是我的夙願。你們的提議，上合天心，下協人意，有誰會不贊成呢？」

父子議定，次日，諸貝勒大臣聚集朝會，代善便將推戴皇太極即位的意思書示二貝勒阿敏、三貝勒莽古爾泰以及小貝勒阿巴泰、德格類、濟爾哈朗、阿濟格、多爾袞、多鐸、杜度、碩托、豪格等，眾人都歡喜稱善。隨即合詞請皇太極即位。

皇太極卻一再推辭，說「汗父並無立我爲君的遺命，若舍諸兄而嗣位，有僭越之嫌」；既怕不能夠繼承先汗父之志，又怕不能上合天心；而且統率群臣、撫綏萬姓是十分艱難的任務，自己難以勝任，等等。總之一句話，不肯。然後，眾人堅請不已，從早上卯時（約晨七時許），直勸到下午申時（約午後五時許），整整十個鐘頭，皇太極被眾人的誠意所感動，終於答應下來。

而朝鮮人的記載，則帶有更多的喜劇色彩：努爾哈赤死後，代善讓位其弟皇太極說：「你智勇勝於我，你應該代我繼立。」諸貝勒都想立嗣後再舉哀，代善便對眾人說：「父親生前欲立皇太極。」皇太極卻說：「當立者應該是代善兄。」說罷連忙走避以相讓。

於是岳托等人去請代善，代善不出；再請皇太極，皇太極也不出。岳托等人每日數次呼號奔走於二人之間，經過三天仍無結果。代善便令岳托等人率諸貝勒六七人群擁至皇太極處，將他綁架似的抬著舉著送到努爾哈赤靈前，皇太極這才接受了汗位。

上面皆大歡喜的場面雖然感人，但未免讓人感覺有些假惺惺的。不過，按當時情況，民主推舉皇太極為汗，還是有可能的。因為，當時人們相當崇尚武功，而皇太極的武功遠遠超過才十幾歲的多爾袞，與代善比也不相上下；此外，在政治識見、軍事才能和個人威望上，皇太極都高出諸貝勒一籌，由於君主專制制度尚未發展完善，遇大事需協商辦理，因而推舉才能卓著的皇太極即位，是不足為怪的。

還有個問題，在皇太極以迅雷不及掩耳之勢登基之時，他和大貝勒代善有什麼交易嗎？當時，四大貝勒自然是最受汗王信賴的，也是繼承汗位的最可能的候選人。其中二貝勒阿敏是汗王的侄子而非親子；三貝勒莽古爾泰的母親是獲罪的大福晉，而且莽古爾泰本人又有弑母之罪，不受汗王喜愛，他們對皇太極即位都構不成威脅。只有大貝勒代善堪稱勁敵。他為什麼不自立，而是拱手將帝位讓給自己的弟弟呢？也許，對於代善來說，他別無選擇。

代善與褚英不同，他為人忠厚，深得眾人的支持和好感，同時他勢力亦強，自領正紅、鑲紅二旗，就其才德而言，「合太祖選賢與能之旨者」，繼褚英之後，被努爾哈赤封為太子。然而，正當代善以「太子」之尊，不久將繼承汗位之時，卻發生了小庶妃狀告大福晉與代善關係曖昧的事情。這種事情不僅破壞夫妻感情，也能離間代善與汗父的父子深情。當時努爾哈赤雖對代善未加降責，但也使汗父對代善產生怨恨和失望。

「建宅之爭」剛剛過去，又發生了一件不該發生的事情，就是代善聽信繼妻那拉氏的讒言，不僅虐待前妻所生子碩杌，還以其要叛逃爲由，向汗父要求殺死親子，暴露了他的愚蠢和心腸的歹毒，犯了「虎毒不食子」的大忌。努爾哈赤之欲立其爲太子，就是以爲他待人處事寬厚，有賢德的品性，能「善待國人」。不想代善一錯再錯，令汗父對他徹底失望。

當他醒悟時，雖親手殺死繼妻那拉氏向汗父請罪，但爲時晚矣。努爾哈赤果斷地當眾下了廢太子令：「先欲使之（代善）雪襲父之國，故曾立爲太子。今廢除太子，將其專主之僚友、部眾，盡行奪回。」

代善真是一失足而成千古恨，經歷了殘酷的家族內部鬥爭後，他變得疲憊不堪，權力在他心目中已經不再那麼有魅力了。另一方面，又使代善在諸兄弟子侄及王公大臣中跟皇太極相比，自己實力不如他、智勇不如他、威望不如他、才幹也不如他，即使按順序立長，自己登了汗位，如何面對汗王去世後這內外交困的險惡局面？他對自己毫無信心。何況一朝被蛇咬，十年怕井繩，自己還背著個廢太子的舊名聲！既然競爭不過，還是退而求其次，無論爲大金國著想還是爲自己著想，都是退一步海闊天空。於是，大貝勒代善以讓位之德，獲取了賢明的名聲。皇太極也有豐厚的回報：清代八家世襲罔替的鐵帽子王中，代善和他的兒子岳托、他的孫子勒克德渾占了三個，子子孫孫享受榮華富貴。代善當年擁弟爲汗，證明是一個相當聰明的選擇。

皇太極的感情世界

清太宗皇太極是清朝的開國皇帝，在位十七年，雄才大略，文武兼備，治國有方；他智除袁崇煥，勸降洪承疇，為大清打下堅實基礎。而他與宸妃海蘭珠的愛戀，堪稱佳話。

海蘭珠是莊妃的親姐姐，其時蒙古博爾濟吉特氏家族中已有兩個女子嫁給了皇太極，姑姑居中宮，二侄女即為莊妃大玉兒。在一次親戚會面中，海蘭珠隨母朝見皇太極時，皇太極驚見海蘭珠的美貌，顧不得從博爾濟吉特氏家族中已納了一后一妃，一定要娶這位美女。第二年即與海蘭珠完婚，於是，後宮中出現了一姓姑侄三人同事一夫的新鮮事。

「生不能，死不了」的太子

朱慈烺之謎

朱慈烺（一六二九～？），崇禎長子，崇禎三年立為皇太子。李自成攻克北京後，其下落不明。一說其已死於戰亂，一說其出家為僧，均無證據證實。曾有人冒其名起兵反清，經驗均為偽。

李自成攻下北京後，崇禎皇帝自縊身亡，煊赫一時的明王朝從此終結。崇禎帝朱由儉臨死前命令自己的兒子朱慈烺迅速逃生。這個明王朝最後的太子結局究竟怎樣呢？自明亡以來，有關他的說法就撲朔迷離，眾口不一。

最初有人認爲崇禎太子並沒有出逃成功，最後落入清廷的手中。但是即使這樣，各家說法也不一致。據《國壽錄．崇禎太子》中的記載，當太子出逃後，「爲賣豆腐老嫗所覺，憐而收之。嫗知爲太子，令匿名姓，住三月，貧不能養。因間送太子舅周皇帝親家，皇親懼不爲識。……報聞，送刑部獄。」《甲申傳信錄》等書中也有比較類似的記述。這些說法都認爲太子爲清廷抓獲，然後遇害。但是由於當時北京城的情況混亂異常，所以這樣的說法也不完全可靠。

根據《石匱書後記》中《烈帝本紀》和《太子本紀》的有關記載，李自成攻下北京後，曾經下令搜索太子，有人將太子獻了出來。太子被留在營中，但設法逃了出來，去找舅舅周奎。由於周奎擔心私藏太子會給自己招來禍害，便將他獻給了清朝刑部，最終太子遇害。

另外，《野史無文》卷四中記載：「清兵入南京，戎政趙之龍獻之豫王，攜之北去，不知所終，或云縊死。」這種說法認爲太子曾逃往南京的南明小朝廷，當清兵攻陷南京後，他才遇害的。總之，就單崇禎太子遇害於清朝刑部的說法，版本就有很多，究竟哪種是真的，仍然不能明斷，更何況，除此之外，太子下落還有其他說法。不能不承認太子下落實在是個謎團。

除了遇害清廷說之外，一種主要的說法認爲，崇禎太子被李自成軍西行時帶走。《明史紀事本末》中記載了這樣的情形。在李自成與吳三桂作戰時，曾經「挾太子登高崗（《明季北略》做廟崗）立馬觀戰」；在兩方議和時，吳三桂提出「歸我太子、二王，速離京城，……而後罷兵」。這些記述都表明太子確實和李自成在一起。

李自成與吳三桂初戰受挫之後，決定離京西行。《明季遺聞》對李自成離京前後的情況寫得很具體，說李自成於「二十六日，狼狽還京……二十八日悉銳西行，輜重無算。或曰太子、二王挾之俱出。二十九日，焚宮殿，後隊亦離去。又三年，自成病死羅公山……」這本書是鄒流綺編輯的，他是清朝順治年間的人。他寫此書的《自序》是在順治丁酉（一六五七），可見他搜集材料時據「賊亂」只有十年左右。此書《凡例》中講到這本書有的材料是「本之家大人紀略」，由於他們父子都是甲申之變的目擊者，所以這本書是比較值得信賴的。

對於《明季遺聞》的記載，《明史》也予以確認，說李自成在北京「披冠冕，列仗受朝」之後，「挾太子、二王西走，而使僞將軍左光先、谷可成殿」。在《崇禎諸子》一章中，也寫到「京師陷，賊獲太子，僞封宋王。及賊敗西走，太子不知所終。」由此不難得知，李自成和吳三桂的和議之後，交給吳三桂的「太子」是道地的冒牌貨。因爲太子、二王一直就在李自成的軍營中。

不過這種說法也有一個大疑問，就是在太子隨李自成離京西走之後，就再未見諸任何記載。而那個從吳三桂營中逃出來的「太子」的去向和真僞，就成了明末的一個大議題。

《明季南略．太子一案》中說道，太子被人引導進入皇姑寺，然後與太監高起一起逃往天津，浮海南下。還有說太子已經「卒於亂軍」，還有說太子落難北方。總之，關於這個問題的傳聞實在太多，而且有很多是出於別有用心的動機。

崇禎太子朱慈烺確實曾被李自成俘獲而行，由上面《明季遺聞》和《明史》的分析，我們基本上可以判斷事實的真相就是如此。這種說法的關鍵是，當時與太子同時被俘、被封而又受到種種款待的，還有充任過東宮侍讀、同太子有老關係的李士淳。李自成軍西進後，再沒有關於崇禎太子的記載。因此很可能的情況，就是在西奔路上，太子和李士淳逃了出來。這種說法正是這樣認為的。他倆趁亂逃了出來，為了逃避各種勢力的追尋捉拿，歷盡艱辛，終於逃到了李士淳的家鄉粵東嘉應（今廣東梅縣）州的陰那山。

崇禎太子眼見清朝鐵騎席捲江南，明朝復興的希望逐漸化為泡影。自己偏處一隅，並沒有什麼可資憑藉，心灰意冷之下，太子只好面對現實，削髮為僧。這樣說的依據是，長期以來梅縣地區流傳著如下一個故事：

明朝滅亡以後，嘉應州陰那山的靈光寺中出現了一個不同尋常的和尚，法名為「奀」。在明光寺中，有這個和尚的神位，長期供奉。神位的名字很怪，叫作「太子菩薩」。每當新穀登場，該寺住持便雇人挑著「太子菩薩」的神牌到鄉間化緣募捐，以「所得供太子菩薩」。久而久之，「太子菩薩」被訛傳為「稗子菩薩」。

辛亥革命以後，很多人才明白了這個菩薩的來歷，說他就是當年的崇禎太子。當年嘉應州有一個大人物李士淳，是他將太子帶到陰那山去的。李士淳又名李二何，是嘉應州陰那山區人。《嘉應州志》裡，有關於李士淳的記載，說他任山西「翼城令時，以治行卓異，召入對策稱旨，授翰林院編修，充東宮講讀……逆闖陷都，潛遁歸里」。除此之外，在清朝康熙年間，劉廣聰修的《程鄉里志》中也說他「逆闖陷都，身受刑笞，不污偽命，潛遁歸里。」這些記載都證明了李士淳曾經被李自成俘虜，而且受過刑，也封過官。

按照《明季北略》所記載，李自成對被俘官員的政策是以自願為原則來決定去留。那麼這些鄉志的記載就說明了李士淳和太子可能遭到相同的對待。這樣一來，兩個人憑藉著舊有的關係，很有可能是一起逃回廣東。那麼這種說法的可信度無疑大增。

除了歷史記載之外，我們還可以從李士淳本人那裡一探端倪。在他編的《陰那山志》中，有首《題陰那山五指峰二絕》的詩，作者署名為「夯山和尚」。詩云：「誰人伸臂划虛空，裂碎迷雲千萬重。掌握明珠山吐月，周天星斗五輪中。天畫棋盤星做子，指彈日月照將軍。不知何處神仙著，花落棋山迅耳聞。」仔細分析這首詩，可以發現詩的頭兩句表明作者希望有人助他一臂之力，以改變他「迷雲千萬重」般的困境；第三至第六句是寫這個敢以「天畫棋盤星作子」的人，幻想能有「指彈日月」般的威力支持某一位將軍，取得軍事勝利，取得「掌握明珠山吐月，周天星斗五輪中」的地位。最後兩句是說他的結果是「花落棋山」（**棋山即陰那山，因棋盤石而得名**）削髮為僧的現實處境。

「夯山和尚」的詩出現在李士淳的著作裡，說明陰那山靈光寺確有「夯山和尚」其人。這首詩的內容中還反映出「夯山和尚」的困難處境和非凡的身分。除了這首詩表明他們曾經在陰那山共處過，李士淳的《棋盤詩》有云：「數著分明一局殘，仙人曾此暫消閒」，此中的仙人和「奢山和尚」詩中的「神仙」正可互相映證。

由於崇禎太子的身分實在過於特殊，由於政治上的原因，李家也沒有敢於說出事情的真相，我們只能找到隱隱約約的暗示。比如李士淳之子李梗在陰那山「三軒柏」中題一聯曰「三柏似龍留聖跡，五峰如指引禪機」，就明顯在暗示這地方留有「聖跡」。

一直到幾百年後，辛亥革命成功，清王朝成為了歷史，太子一案才不必再顧及政治上的風險。從那個時候開始，事情也就逐步朝明朗的方向發展。當時一些文人耆宿在自己的著述中都開始將這件事說明清楚，比如李士淳的後裔李大中寫的《二何先生事略》、楊薇伍寫的《榕園瑣錄》等。這些著作不僅提到了李士淳（李二何）回到家鄉後的所作所為，而且印證了所謂「奓山和尚」就是崇禎太子朱慈烺。

雖然這種陰那山為僧的說法是種種說法中最能讓人信服的，但畢竟這只是一家之說，沒有什麼相關的佐證。

經天緯地的始皇帝

嬴政之謎

嬴政（前二五九～前二一〇），秦莊襄王子，十三歲即位。在位期間，相繼滅韓、楚、燕、魏、趙、齊，統一六國，稱為始皇帝。秦始皇定官司制，廢分封、行郡縣，統一文字、律令、度量衡。前二一〇年，卒於東巡途中。

在司馬遷的《史記．秦始皇本紀》中，記載著這樣一件事：「秦始皇帝者，秦莊襄王子也。莊襄王爲秦質子於趙，見呂不韋姬，悅而取之，生始皇。以秦昭王四十八年正月生於邯鄲。」這裏我們還沒有看出什麼異常的地方，但是到了《史記．呂不韋列傳》裏，秦始皇的身世就給揭露出來了：

「呂不韋取邯鄲諸姬好善舞者與居，知有身。子楚（即異人）從不韋飲，見而說（悅）之，因起爲壽，請之。呂不韋怒。念業已破家爲子楚，欲以釣奇，乃遂獻其姬。姬自匿有身，至大期時生子政，子楚遂立姬爲夫人。」

原來，秦始皇政的父親本是秦國的公子子楚，名叫異人，他是秦昭王的孫子。前兩年，秦趙兩國發生長平之戰，趙國慘敗，而秦昭王則借助長平之戰的餘威，派軍隊圍攻趙都邯鄲。不過這次沒有成功，於是同趙國達成暫時的妥協。由於戰國時候各諸侯國之間倘若結盟，必須相互派送人質，所以照此慣例，秦昭王讓孫子異人到邯鄲做了人質。

當人質是非常危險的，不但歸國無計，而且一旦雙方開戰，首先遭到不測的就是人質。所以，一般充當人質的王子或王孫都是在自己的國家不受重視，可有可無的政治角色，這位落難王孫在異國的生活根本好不到哪裡去。不過也有例外的情況，比如異人，他自從遇上了大商人呂不韋，命運便奇蹟般地發生了轉機。

呂不韋（？～前二三五）不愧爲眼光遠大的商人，他認定異人今後很可能飛黃騰達，因此開始在他身上投資。他先送去五百斤黃金作爲見面禮物，當異人大感詫異不想接受的時候，呂不韋直截了當地說，先光大異人的門庭，等異人的門庭光大之後，再來光大呂氏的門庭。

異人滿腹狐疑，心想：眼下昭王已老，自己的父親安國君按例即位秦王，可是他有二十多個兒子，將來誰爲國君還難預料。自己既非長子，又不在秦國，不占任何天時地利，將來別說即位的可能幾乎沒有，能保個平安就不錯了。對於國君之位，子楚壓根兒就不做任何奢望。但是呂不韋說，沒有條件咱們可以創造條件嘛，當國君就像經商一樣，不在於你有多大的資本，而在於你能在短期內最大程度地獲利，照我給你的法子，保你登上國君寶座。

子楚再也無法心如止水了，他略一沉思，就痛痛快快收下黃金。呂不韋的妙計就是借助異人父親的寵妃華陽夫人，打通登上國君寶座的諸多關節。華陽夫人雖然色藝雙絕，可是沒有子嗣，只要討得她的歡心，異人便可以爭得國君之位。

就這樣，在邯鄲充當人質的異人在呂不韋的點撥和金錢資助下，在趙國廣泛結交，聲望急劇上升，其好義的大名已經傳到了秦國國內。這時候呂不韋潛入秦國，以異人的名義送厚禮給華陽夫人，求她收異人為義子。華陽夫人果然沒有辜負呂不韋的期待，經常在秦王耳邊稱讚異人，最後在呂不韋的授意下，又出面要求立異人為太子。最後，異人從人質一躍而被立為秦國的王儲，最後如願以償地成為秦莊襄公。不費一槍一炮，沒有血光之災，一切都按照呂不韋策劃的妙計一步一步地如期發生，讓人不能不佩服這個商人的絕頂聰明。

呂不韋在幫助異人光大門庭以後，自己光大門庭的日子也到來了。異人當年的許諾沒有落空，呂不韋被拜為宰相，權傾朝野。莊襄王高興之餘，恐怕沒有想到自己的兒子嬴政是呂不韋的私生子，自己千秋以後，這個王位會名正言順地讓呂不韋的兒子坐上去。這是從何說起呢？

異人剛結識呂不韋的時候，呂不韋讓自己的愛姬趙姬勾引異人，異人被她的美貌迷住，請求呂不韋送給自己，呂不韋求之不得，賺了一個大大的人情。後來趙姬生下嬴政。這位異人異地得子，自然異常高興，可是他怎麼也沒有想到，這個寶貝兒子並不是自己的骨血，孩子真正的父親，正是那個政治商人呂不韋。呂不韋的政治「遠見」可謂深遠之至。

《史記》所持的觀點就是嬴政是呂氏之子，這樣許多人對秦始皇的這種出身信以爲真。班固也認爲秦始皇是呂不韋之後，並把這一觀點寫進了《漢書》，還直呼嬴政爲呂政，於是讓更多的人對此深信不疑。

後來，南朝宋人裴駰在寫《史記集解》時，也贊同這一觀點：「呂政者，始皇名政，是呂不韋幸姬有娠，獻莊襄而生始皇，故云呂政。」以後，諸多史家也都一遍一遍地重複著這個帶有傳奇色彩的故事。於是，秦始皇爲私生子的說法，好像成了一個確鑿不疑的定論。

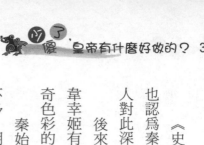

秦始皇爲呂不韋血脈的這一說法，歷史上不斷有人表示懷疑，不過公開爲秦始皇說話的人也不多。明代史學家湯聘尹是其中一個直言者。他在《史稗》一書中認爲，秦始皇是私生子的記載是「戰國好事者爲之」的胡說八道，根本沒有可靠的依據。除此以外，明代著名學者王世貞也認爲《呂不韋列傳》記載此事不可相信。據他分析，這種說法是大陰謀家呂不韋故意編造的故事，爲的是抬高自己的身分和地位。這種說法很可能出自呂不韋門客和被秦所滅的六國遺老遺少之口，他們用誣罵秦始皇是私生子來發洩難言的私憤，照此說法，秦國比其他六國滅亡更早，從嬴政登基那天算起，秦國在事實上就亡國了。

從人倫情理來說，《呂不韋列傳》的記載確實經不住推敲。文中說：「姬自匿有身，至大期生子政。」這裏的大期，到底多長時間？據東晉人徐廣說是大過十二個月，三國蜀人譙周說是大過十個月。既然趙姬早就懷上了呂不韋的孩子，怎麼會在歸於異人十多個月後才產下嬴政？這明顯違背人的生育規律。更何況，趙姬真要有孕在身，一般需要四十多天甚至兩三個月才能確知，她在歸於子楚後應不足十個月就會分娩，不可能再向後拖延更長時間。由此推算，嬴政應是子楚的兒子，而非呂不韋的血脈。

不過還有人認爲，雖然趙姬可能是在歸於異人十月後生下嬴政的，但並不說明她和呂不韋就沒有關係了。就算他把趙姬送給了子楚，誰敢保證兩人沒有偷情的機會？在這十幾個月的時間裏，呂不韋完全有足夠的時間策劃這一計謀，不論趙姬懷上的是男是女，他都可以藉以獲利。作爲頗有政治頭腦的投機商人，他怎會放過這種坐收巨利的良機？

除此以外，《史記》中的另一處記載也可間接說明這個問題：「秦王年少，太后時時竊私通呂不韋……始皇帝益壯，太后淫不止。呂不韋恐覺，禍及己，乃私求大陰人嫪毒以爲舍人。」嬴政即位時才十三歲，實際政事由呂不韋處理，嬴政稱呂不韋爲「仲父」。趙姬成爲太后，但仍經常與呂不韋私通。

秦王日漸長大，但太后仍時常找呂不韋進宮。呂不韋擔心事情敗露後會有災禍，於是暗中尋找了一個大陰人嫪毒爲舍人，有意讓他四處放蕩，以引誘太后。太后聽說後，果然想將他弄到手。呂不韋又指使人告發嫪毒，依法該處宮刑。呂不韋又教太后賄賂處宮刑的官吏，讓他們假裝對嫪毒執行宮刑，只是拔掉他的鬍鬚和眉毛，讓他裝扮成太監來侍奉太后。太后暗中與嫪毒私通，懷孕後爲遮人耳目，假裝占卜算卦要躲避晦氣，搬到雍城居住。嫪毒一起隨從，太后常讓他參與政事，給予的賞賜也十分優厚。

這個嫪毐是一個沉不住氣的人，一次在宮中與侍中等人飲酒時，酒醉失言：「我是秦王繼父，你們是什麼人敢與我爭！」於是有人告到秦王那裏。秦王下令調查，查出嫪毐並非宦者，常與太后私通，並生了兩個兒子，還計畫在秦王死後以所生兒爲後繼。事情還牽涉到呂不韋。

嫪毐知道事情敗露後，僞造了秦王的印璽和太后的玉璽，準備調動軍隊作亂。秦王知道後，命令相國帶兵圍剿嫪毐，嫪毐兵敗出逃。秦王在全國通緝：活捉嫪毐，賜錢百萬；殺死者，賜錢五十萬。於是嫪毐及其同黨皆被捕歸案。

秦王下令將嫪毐車裂示眾，誅滅宗族，與太后生的兩個兒子也一起被殺。秦王本來準備殺呂不韋，因其扶助父王功勞大，只是免去了他的相國職務，命他回到封國河南。

一年後，諸侯賓客使者皆爲呂不韋說情，秦王擔心呂不韋發動政變，就給他寫信道：「你在秦國到底有什麼功勞？憑什麼把你封在河南，享受十萬戶食邑？你與秦王有什麼親戚關係，要稱仲父？你還是和家屬遷到蜀國去吧！」呂不韋擔心秦王會逐漸加重對自己的處罰，最後會殺死自己，就喝藥酒自殺了。

說到底，秦始皇到底是不是私生子是根本不重要的。不管秦始皇到底是不是呂不韋的兒子，他的歷史作爲是有目共睹的，不容抹殺的，跟他是誰的兒子不沾邊。一個偉大的人也好，卑賤的人也好，都無法選擇自己的出身，如果用「出身論」來評價一個人，包括歷史人物，都是荒謬不當的。

秦始皇的第一

*中國的第一個皇帝。

*建立中國歷史上第一個統一的中央集權制國家。

*第一個統一中國文字及度量衡。

*第一個統一中國的貨幣。

*第一個創立皇帝尊號。

虛擬的正義之王

八賢王之謎

八賢王是小說《楊家將》中的一個人物。在宋軍民協力抗擊遼進犯的背景下，書中刻畫了一位皇室英豪八賢王的形象，其不僅秉力抗遼，還為民代言，敬忠良，除奸臣，人物正氣浩然，形象高大。據考，史實中尚未證實有八賢王其人。

在《楊家將》中，有一個正氣凜然，仗義執言的八賢王，他詼諧、機智，周旋於皇帝、奸臣、楊家將之間，往往在最關鍵的時刻助楊家將一臂之力，似乎是當時朝中一位舉足輕重的人物。楊家將的故事是有一定歷史依據的，這位八賢王也不會是憑空塑造的，但他是哪一個真實人物的化身呢？讓我們看看能否在歷史上找到一個完全與之對應、吻合的人物。

從八賢王的名字趙德芳來看，他的原型應是宋太祖的第四子。《宋史．宗室傳》記載：太祖有四個兒子，第四子德芳被封為秦王，任山南西道節度使、同平章事等重要職務，太平興國六年（九八一）病亡，才廿三歲。他在世的時候，楊家將中老令公楊業還活著，六郎楊延昭太年輕，沒有任邊關統帥，因此這個趙德芳與楊家將不會發生什麼關係。

還有人認爲，八賢王應是宋太祖的皇位繼承人趙德昭。他聰明英武，機警深沉，深得太祖信任，曾「賜金簡一柄，如不法之屬得專誅戮」。太祖傳位給皇弟太宗，德昭失去了當天子的機會，太宗雖然封他爲武功郡王，朝會時位列宰相之上，但內心對這位侄子頗爲忌憚。尤其是太平興國四年（九七九）出征幽州時，一天夜間，一件偶發的事情使軍營中驚擾不安，軍士到處尋找太宗卻不知其蹤影，有人提出立德昭爲帝。太宗得知，更爲不滿。

德昭深知在猜忌心極重的太宗手下，決不會得到善終，於是自刎。人們對這位失去皇位又死於非命的皇子十分同情，就讓他化爲公正無私的八賢王，幫助楊家將對付那些危害朝政的權臣。不過，趙德昭並非排行第八，爲什麼被冠之「八賢王」呢？於是，有人提出，這個八賢王不是趙德昭，而是宋太宗的第八子。不過，這個皇八子在宗室裏毫不起眼，讓他充當「賢王」的原型，似乎於情理不合。

看來，八賢王是由宋初宗室的一些軼聞，加上人民群眾的感情傾向，經過劇作家的藝術加工，融合而成的人物。在民間傳說中，他的出現，不僅增加了戲劇性的衝突，還滿足了人們崇敬忠臣、懲處權奸的心理要求。正因爲這樣，這位虛構的戲劇性人物「八賢王」趙德芳，才會如此栩栩如生地活在人們的印象中。

至尊的囚徒——光緒之謎

光緒帝（一八七一～一九〇八），名載湉，醇親王奕譞之子。同治十三年（一八七四），同治卒，無子，故由其繼之。即位後，兩宮皇太后垂簾聽政，光緒十三年，親政後，朝廷實權仍掌握在慈禧手中。光緒二十四年，其起用康有為等人，廣開言路，改革科舉，廢罷舊臣。同年八月六日，慈禧政變，將其囚於瀛台，變法失敗。光緒三十四年十月，病卒於涵元殿。諡景皇帝，葬崇陵。

一九〇八年十月廿一日酉刻，光緒皇帝死於北京中南海的瀛台涵元殿。過了一天，慈禧太后在北京故宮儀鸞殿病逝。光緒皇帝的死，發生得太突然。光緒皇帝在去世之前的一段時間裡，確實也是在患病，不過，光緒從小的時候起，身體就不太好，虛弱多病。這一次患病，是在光緒三十四年的年初，以後就一直感到不適。據皇宮太醫的診斷，其病狀爲：陰陽兩虧，標本兼病，胸滿胃逆，腰胯痠痛，飲食減少，益以麻冷發熱，精神困憊，夜不能寐。

依據現代醫學病理分析，這大概是患了呼吸道疾病。從上述診斷看，病人已經發熱咳喘，睡眠飲食失調，身體相當衰弱。但此時尚不至有生命危險，更不會突然死去。

況且病人在去世的當天，還曾發出一道諭旨：通諭各省總督、巡撫，於各所轄地區內，遍選精通醫術之人，無論有官品者，或是平民百姓，迅速保送來京，為皇帝治病。如醫治確有效果，被保送之人，及推薦之官員，皆予恩賞。可見，光緒本人也沒有認為自己的病已經到了不可救治的地步，馬上就會離開人世。一般講，臨死的人，特別是很快就要進入彌留之際的人，都會產生某種預感。

更耐人尋味的是，在光緒死去的當天，曾從慈禧太后的寢宮儀鸞殿，很快傳出懿旨，立溥儀為嗣皇帝，命攝政王載灃為監國。如果我們將視線再向前推移，那麼就會發現，溥儀是在光緒臨死的前一天，也即十月二十日，由醇親王府被接進宮的，載灃也是在同一天被封為攝政王的。諭旨是以皇帝的名義發布的，但其內容卻是在傳達慈禧太后的意思。難道慈禧太后已經「知道」光緒要死了嗎？她已經為光緒的死做好準備了嗎？這些事情讓人感到光緒死得實在蹊蹺，而正史對此諱莫如深，因此在民間就產生了幾個版本的猜測：

野史版本之一：慈禧太后感到自己的病已經無法醫治，於是密令親信太監，扼斃光緒。太后不願意看到在她死後，光緒帝重掌大權。

版本之二：光緒帝聽到太后病重的消息，面帶喜色。慈禧知道此事後，咬牙切齒地說：「我不能死在你的前面。」

清末名醫屈桂庭在他寫的《診治光皇帝秘記》一書中披露：光緒皇帝在臨死前三天，曾在床上亂滾。他向我大叫肚子疼得不得了。而且他的臉頰發暗，舌頭又黃又黑。這不是他所得之病應有的症狀。

《瀛台泣血記》則認爲光緒是李蓮英害死的。宮裡的大太監李蓮英眼看太后的壽命已經不久，自己的靠山馬上就靠不住了，便暗自著急起來。他想與其待光緒掌了權來和自己算帳，還不如讓自己先下手爲好。經過了幾天的等待思考，他的毒計便決定了。

末代皇帝溥儀後來在他的自傳《我的前半生》一書中，對光緒被害死的說法也沒有堅決否認。他寫道：「我還聽見一個叫李長安的老太監說起光緒之死的疑案。照他說，光緒在死的前一天，還是好好的，只是因爲用了一劑藥就壞了。後來才知道，這劑藥是袁世凱使人送來的。……據內務府某大臣的一位後人告訴我，光緒帝死前，不過是一般的感冒，他看過那些藥方，脈象極平常，加之有人前一天還看到他像好人一樣，……病重消息傳出不過兩個時辰，就聽說已經『晏駕』了。」

總之，民間幾個說法都是同意「被害說」，下毒手的人都被認爲是光緒生前的宿敵，有說是慈禧，有說是太監李蓮英，也有說是袁世凱的。他們都害怕在慈禧太后死後，光緒作爲皇帝，重新掌權。

雖然光緒為慈禧所害的說法傳播得很廣，但還是停留在猜測階段，沒有充足的證據支持。不過，慈禧與光緒之間的「帝后」之爭確實朝野皆知，而他們之間複雜的恩怨矛盾關係正是光緒之死的焦點所在。

在光緒十七歲之前，他和慈禧太后之間基本是相安無事的。同治皇帝死後，慈禧為了繼續垂簾聽政，力排眾議，將自己妹妹的兒子光緒立為皇帝，自己仍舊以皇太后的身分獨攬大權。從光緒四歲被接進宮，到他長大成人，十八歲那年大婚，及至親政，在這漫長的十餘年歲月裡，慈禧在光緒身上花費和傾注了大量心血和精力。

如果說，慈禧最初選擇光緒即帝位時，還主要是出於政治上的考慮，與她這位小外甥之間還沒有什麼真正的感情的話，那麼此後在宮內朝夕相處的十幾年裡，這種情況發生了很大變化。有一次，慈禧太后很有感情地同別人談起了光緒幼年的時候，兩人之間的親子之情：

「皇上（指光緒帝）本是我的親侄子，入承大統，如果從娘舅家的角度講，他又是我親妹妹的兒子，我為什麼不愛憐他呢？皇帝抱入宮時，才只有四歲，身體不結實，肚臍間經常流濕不乾，我每日親自給他洗滌擦拭。晚上常同我睡在一張床榻上，四季寒暖變化無常，我注意為其加減衣服，調節飲食。皇帝幼年住在王府的時候，就非常害怕很大的聲響，所以在宮中，我就常常陪伴他，哄著他玩。我每天都在方紙上，寫上文字，教皇帝認讀，為他講授、朗誦四書和詩經。」

雖然不乏爲自己塗脂抹粉的嫌疑，但是也折射出她爲教養光緒付出的心血。

但是自從光緒十七歲以後，兩人之間的隔閡逐漸明顯了，慈禧表面上宣布「退休」，從此不問政事，還政給皇帝，但實際上仍把持著軍權和官員的任免權，沒有這兩項關鍵的權力，光緒就是一個傀儡皇帝。光緒試圖通過變法來奪權，不但沒有成功，反而被幽禁在中南海瀛台。從此之後，光緒皇帝就失去活動的自由，精神上承受著巨大的壓抑和折磨。

瀛台的生活是淒苦不堪的，但光緒並沒有完全絕望，他在政治上對未來還抱有很大的希望。畢竟慈禧太后長於光緒三十餘歲，光緒步入中年的時候，慈禧已是七十開外的垂暮老人。據曾與慈禧朝夕相處的德齡回憶，從光緒三十年起，也就是慈禧太后七十歲以後，她的身體健康和精神狀況，明顯不如以前，太后根本已沒有什麼精神來監視光緒，除掉還能進些飯食之外，一切的政事，都完全不問，每天只在宮內服藥。

光緒雖然身在禁宮，但對國家大事，甚至世界上主要國家發生的事情，都非常關注，因爲他知道，太后百年之後，自己仍要出來親掌朝柄。他除了平日認真研讀古籍詩書，還利用每日早朝之際，了解形勢變化。德齡在她的《清宮二年記》一文中這樣寫道：

「每日早見皇帝，當余有暇時，光緒帝必問英文，所知甚多。余見皇帝，極有趣味，在太后面前，面容肅默，或有時如一呆子，若離開時，全然又是一人。」

光緒不僅向德齡學習英文，還不斷向她詢問了解西方各國風土人情、政治制度、國家間相互關係等問題。

光緒二十八年至二十九年間，專門爲慈禧太后畫像的一位名叫卡爾的美國女人，外出歸來，回到清宮內她的畫室，發現桌子上原來放著的幾張戲單上面，增添了許多用紅筆畫的圖線。卡爾斷定，這是光緒皇帝的筆跡，一定是昨天皇帝在她外出的時候，曾經來到這裡小坐盤桓。仔細端詳皇帝所畫，發現竟是一幅日本和沙俄在中國東北交戰的地圖。卡爾女士對此深爲感慨。可見，光緒對時局非常留心。他在卡爾的畫室裡，把剛剛從早朝上聽到的消息，進行分析和研究。雖然對朝廷政務沒有發言權，但是對這方面的思考，卻始終沒有因此停止。

光緒三十四年年初，皇帝得了感冒。但是誰也沒有想到，包括光緒本人在內，這一病，竟至不起。根據清宮遺檔，光緒這次患病確實不輕，感冒導致舊病復發。光緒此時已患有癆病，也就是今天醫學上所說的肺結核，時好時壞，嚴重的感冒使得已經比較穩定的結核病又發作起來。光緒皇帝的身體，自幼就很虛弱，小的時候經常得病，進入青少年時期，體質也極差，長年腰痛，夜間遺精，睡眠不穩，精力很容易疲憊。按照中醫的說法，這是體虛腎虧，而且到了比較嚴重的程度。

光緒皇帝的身體爲何這般衰弱？按道理，光緒自幼生長在王府，以後又進入皇宮，論物質生活條件以及醫療衛生保健，都屬當時中國第一流的，沒有人能夠比得上，因此身體應該是比較健康，起碼不應是這樣差。

這也許跟他糟糕的精神狀態有很大關係。光緒自四歲進入宮中之後，就開始受到慈禧太后的專制管理，精神上一直處於緊張和壓抑的狀態之中。及至長成親政，內憂外患，太后的處處掣肘，心情也很少舒暢。戊戌變法失敗，被禁閉於瀛台，種種精神上的折磨和打擊，珍妃的慘死，更增添了思想上的愁悶。如此長期承受巨大的精神負擔，身體不被壓垮，那才是奇怪的事情。

不過，儘管皇帝的身體已經很虛弱，但是種種的跡象表明，這時的病情還不至於導致光緒突然去世。這件事說明，光緒此時神智還非常清醒，對治好病，仍然有很大的信心，並不像人們通常見到的垂危快死之人。

光緒的整個治療過程，全部都掌握在慈禧太后的手中。當時朝廷任命奕劻主持皇帝的治病事宜。爲皇帝診視治病的大夫，都必須經由奕劻的選定，未經批准，不論是誰推薦的醫生，或是太醫院的大夫，都不得進入瀛台光緒寢宮。醫生開出的處方，也必由奕劻過目。奕劻這時正是慈禧太后最得力的親信大臣，試想，如果要達到不可告人的目的，僞造「脈案」，或者寫出違背事實的「脈案」，那實在是很容易的事情。

還有一件事值得深思。光緒三十四年十月二十日，清廷以光緒皇帝的名義，向全國發布了兩道諭旨：其一，命醇親王載灃之子溥儀在宮內教養，並在上書房讀書。其二，授載灃爲攝政王。這其中的涵義本質是制定了皇位的繼承人。諭旨頒布之日，正是光緒皇帝去世的前一天，慈禧死前的兩天。頒布諭旨時，慈禧太后的病情已經極爲嚴重，她的生命已經到了最後的關頭，而且，慈禧本人也非常清楚地意識到了這一點，如果不是這樣，慈禧太后大可不必匆匆對後事做出安排。但是，光緒還沒有死去，繼承人的合法性如何讓天下信服？如果光緒不死，自己死後極有可能遭到他的報復，連「入土爲安」都未必能夠實現，所以目前只有看著光緒死去，她才可以安心離開這個世界。

光緒到底是正常病故，還是被慈禧太后或者他人所害？隨著時間的推移，這個謎不但沒有解開，反而越來越撲朔迷離，讓人難以窺見真相所在。

剖腹觀胎的暴君

劉昱之謎

宋後廢帝（四六三～四七七）劉昱，明帝長子。泰始二年（四六六）立為皇太子，並於當年即皇帝位。其性情乖張，喜惡無常，殘忍嗜殺，獨不愛讀書。後被內侍殺死。

「剖腹觀胎」是指用刀割開孕婦的肚子，來查看胎兒的行爲。現代人肯定不會用這種方式來爲孕婦檢查胎兒的，這是中國古代記載下來的一種極爲慘無人道的酷刑。

在南宋時期，有一個皇帝叫劉昱，此人是個商紂式的暴君，他暴戾恣睢，殺人成性，專好以種種酷刑殺人取樂、鎮懾臣民，一天不殺人他都難以安眠。他的隨行人員身上都要備著刀、槍、鉗、鑿、鋸等，時刻準備著，一旦劉昱下令，便馬上對他人進行剖腹、挖心、割舌等酷刑。

有一天，劉昱見屋外陽光燦爛，便要出宮去遊玩，侍衛們趕緊備馬。龍輦剛行至郊外，一位孕婦正巧在路邊行走，見皇家車隊來了，便急忙向一邊躲閃，但因其將要生產，行動不免遲緩了一點，劉昱在轎上見了，便下令手下把孕婦帶到了龍輦前。孕婦嚇得渾身顫悚，跪在地上不敢抬頭。

劉昱詭笑道：「怎麼，肚子裏有了孩子就可以擋道嗎？來人！把她的肚子剖開，看看是什麼妖魔竟如此大膽！」侍衛們一哄而上，把孕婦按在了地上，只見刀光一閃，一股血噴了出來，孕婦慘叫了一聲，便昏死過去。可憐那嬰兒，剛被拎出母體時尚能踢蹬幾下，沒一會兒便也跟著母親去了。劉昱貪婪地吸著刺鼻的血腥味，得意地笑道：「朕早就看她不是好人，果然懷了個妖精。」

與劉昱的殘忍同樣臭名昭著的，還有晉代惠帝司馬衷的皇后賈南風。

賈皇后相貌醜陋，而心也是陰毒無比，她是個妒嫉成性的女人，最見不得司馬衷垂愛宮中的其他嬪妃，尤其是見不得別的女人懷上龍種。

有一次，有一宮嬪已身懷六甲，因怕賈皇后生氣，一直用絲帶裹著小腹，所以賈皇后一時尚未察覺。賈皇后得知此宮嬪懷孕後，便疾步趕到宮嬪的房間，喝問宮嬪是否懷孕了。宮嬪不敢答是，也不敢撒謊答否，只是低頭不語。

賈皇后冷冷一笑：「既然你沒有懷上龍種，那一定是與他人私通，肚裏定是孽種！來人，把這個淫婦的肚子剖開！」侍衛抬手就把手中的戟刺向了宮嬪，鋒利的戟刃把宮嬪的肚子劃開了，胎兒連同一注血水流了一地。宮嬪與小小的胎兒立時魂歸西天，而賈皇后獰笑著飄然遠去了。

劉昱與賈皇后的這段野蠻、慘無人道的行徑，被釘在了歷史恥辱柱上。

邀買人心的遺言

劉備託孤之謎

劉備（一六一～二二三），字玄德，涿郡（今河北）人，東漢遠支皇族，三國時蜀漢的建立者，謂蜀漢昭烈帝。幼貧，後入軍旅參與鎮壓黃巾起義，在諸葛亮的籌劃中，聯合孫權打敗曹操於赤壁，占荊州、益州和漢中。二二一年稱帝，定都成都，次年在吳蜀之戰中敗北，不久病故。

自古以來，所有的帝王無一不是把江山社稷視為自家私產，傳與子孫，絕不容他人染指。尤其是開國君主，數十年浴血征戰，出生入死，好容易才登上皇帝寶座，惟恐皇位不能承傳萬世，豈有願把江山拱手送人之理？可是，惟獨劉備似乎很願意將辛辛苦苦打下的江山讓給別人來坐，這個「別人」是誰呢？蜀國丞相諸葛亮（一八一～二三四）。

劉備征吳失敗，在白帝城重病不起，臨終時，將太子劉禪託付給丞相諸葛亮，說：「若嗣子可輔，輔之；如其不才，君可自取。」諸葛亮聞言，既感動，又惶恐，涕泣叩頭道：「臣敢竭股肱之力，效忠貞之節，繼之以死！」一個以江山社稷相託，甚至表示願以江山社稷相讓；一個爲報知遇之恩，竭誠輔佐後主，鞠躬盡瘁，死而後已。劉備「君可自取」的話究竟是出於真心，還是出於假意？作爲帝王，有這般心胸，能說出這種話來實在是太不簡單了，以致令人難以置信。因此，許多人對劉備是否出自真心表示懷疑。

帝王們最不放心的事，大概就是外人動搖自己家的皇位。凡是可能對太子的皇位構成威脅的勢力都得徹底剷除，若做不到這點，老皇帝臨終是咽不下氣的。漢高祖劉邦和明太祖朱元璋，得到天下之後都大殺功臣，昔日功勳顯赫的謀臣宿將幾乎被斬盡殺絕，之所以演出這一幕幕血腥的慘劇，其根本原因就是怕這些開國元勳們日後威脅太子的皇位。

如果太子年幼，老皇帝臨終也不得不任命親信大臣或親王輔政。任命這些輔政大臣乃是不得已而爲之，老皇帝很難放得下心，所以同時被指定輔佐太子的，通常不是一位，而是好幾位大臣，這樣才好互相牽制，以免一人大權獨攬。清代順治皇帝爲康熙指定的輔政大臣有鰲拜、索尼、遏必隆、蘇克薩哈四人，咸豐皇帝指定輔佐同治的大臣則多達八人。

劉備預備託孤用的輔政大臣是否就只有諸葛亮一人呢？不是的。當時被指定輔政的還有尙書令李嚴。李嚴原是劉璋的部下，劉備入蜀時率眾歸順，與諸葛亮之間過去並無淵源關係。讓李嚴與諸葛亮共同輔政，除了有在益州人士與荊州人士之間搞平衡的考慮外，很難說沒有使之互相牽制的用意。所以，人們當然有理由對劉備的臨終遺囑是否完全出自誠意打個問號。

劉備對自己的兒子非常瞭解，對他的期望並不高。劉禪不過平庸之輩而已，因此根本不敢指望他有所作爲，只好勉之以小善，誡之以小惡罷了。既然已經清楚自己的兒子無能，還要說「如其不才，君可自取」，不是顯得太矯情了嗎？那麼劉備爲何還要誠懇無比地讓諸葛亮「自取」呢？這就是劉備的高明之處了。劉備知道，從道義出發，諸葛亮是絕不敢、也絕不忍做出像曹丕篡漢那樣的事來。人之將死，其言也善，劉備臨終託孤，對諸葛亮卻仍不免使用一點心計和權術，這也是爲了確保太子皇位的一番苦心。

不過，劉備與諸葛亮之間的確是歷史上一段很親密、融洽的君臣關係。劉備認爲「孤之有孔明，猶魚之有水也」，臨終之際又將太子託付給諸葛亮，並讓太子對諸葛亮事之如父。這在歷代君臣關係中是極其罕見的。然而，君臣關係再親密、再融洽，恐怕也不會達到以江山社稷相讓的地步吧？

諸葛亮與諸葛巾

古代的普通百姓是無權享用禮冠的，只能用絲或麻織成的幅巾包頭，幅巾既可束髮，勞動時又可以用來擦汗，以後，幅巾的花樣不斷翻新，一直沿用至明代。蘇軾在《念奴橋・赤壁懷古》詞中就有「羽扇綸巾，笑談間，強虜灰飛煙滅。」因相傳諸葛亮常服此巾，故又名「諸葛巾」。

殺妻傷母的「亂性」

北齊文宣帝性格之謎

北齊文宣帝（五二八～五五九）高洋，歷任東魏驃騎大將軍、尚書令等職，後任丞相，掌軍政大權。天保元年（五五〇）代魏建立北齊，定都於鄴。在位始時，練兵甲、築長城如火如荼。征然柔、契丹，多戰捷。晚年沉湎酒色，肆行淫暴，荼毒無辜，嗜殺無度。後病卒。謚曰文宣帝，廟號威宗，後改顯祖。

這是幻影，還是夢境，歌聲已經杳逝，是在昏睡，還是在酣醒。北齊文宣帝高洋也許已經忘記自己是一國至尊，長期嗜酒如狂使他迷失了自己，迷失了方向，當年那個出擊柔然、突厥，修築長城的明主真的一去不復返了。

高洋酗酒是在即位後的五、六年。由於酒喝多了，刺激了神經，他的脾氣變得非常暴躁，常幹出一些不近情理的事情。喝得高興了，他有時自己起身敲鼓作歌，隨即跳舞，直到跳得精疲力竭。有時他乾脆把衣服脫掉，光著身子，亂叫亂鬧。

有時，他把頭髮散開，穿上胡服，結上彩帶，揮刀舞劍，一直鬧到大街上。有時他隨意亂走，一會兒去大臣家，一會兒去勳戚家，攪得人人膽顫心驚。有時爲了誇耀本事，他騎馬不施鞍勒，常常一躍而上，縱馬馳騁，在廣闊的綠野中，在茂密的森林中，穿行如飛。有時他在盛暑烈日高照下，光著身子躺在地上進行日光浴；在隆冬酷寒難禁之時，脫掉衣服疾走。他不但自己發狂，還要求隨從效仿，弄得隨從們苦不堪言。

酗酒到最後，高洋的人性泯滅，獸性大發。他命令手下製作一些帶刺的革馬草驢，把都城中作風敗壞的女人都徵進宮來，脫掉衣服，強迫她們騎馬騎驢，用來取樂，弄得這些婦女遍身血跡，然後殺死肢解，或用火燒掉，或扔到河裏。後來，他甚至迫害到自家婦女，把她們都聚到宮中，讓自己的部下當眾侮辱她們，並且自己還以身作則，去侮辱自己的嫂子、庶母，庶母不從，結果當場被他殺死。

高洋有個寵妃姓薛，本來是個妓女，在家時曾與清和王高岳相好，後來被高洋看中，迎入宮中。薛妃有個姐姐，長得很嫵媚，與高洋的關係非常密切。一次，高洋半夜喝醉了酒，帶著手下遊逛到薛姐家，和薛姐在一起胡混。薛姐以爲高洋真喜歡自己，就乘機請求封她的父親爲司徒。薛姐的父親是個倡人，地位很低，根本不是做官的料子。高洋看到薛姐如此不知好歹，勃然大怒，命人把她吊在房梁上，亂抽亂打，最後用鋸鋸死。

還有一次，高洋在三台擺設酒宴，慶祝三台落成，宮中妃嬪全都去陪宴。三台是鄴城中有名的建築，高廿七丈，台間有飛橋連接，台上有木建築，脊長二百餘尺。工匠在上面施工都提心吊膽，腰間要拴上繩子，防備失足。但是高洋喝醉後，一時心癢難熬。他脫去外衣，跳上屋脊，快步如飛地在上面行走。台上台下的人都驚呆了，一時萬頭攢動，向空中觀看，高呼萬歲。

高洋看到人心激動，越發得意，他走到屋脊中間，索性跳起舞來，前後進退，左右迴旋。隨著動作節拍，台下的歡呼聲時起時落。最後高洋盡了興，凱旋回座，極為得意。回到宮中，薛妃親自斟酒前來討好，高洋也喜氣洋洋地來接。

突然，他想起薛妃曾被高岳佔有的往事來，笑容一下凝住，變成了怒容，未等薛妃反應過來，人頭已經滾落在地。

第二天，高洋赴東山與群臣歡宴。酒喝得酣暢時，高洋突然從懷中掏出一顆人頭，扔在案上，滿座的人無不吃驚。一會兒，高洋吩咐手下拖上一具無頭女屍，吩咐肢解了，用髀骨做琵琶。大家看到屍體的服飾，才知道被害者是高洋的寵妃薛氏。

正在大家驚慌不定時，高洋忽然轉怒為悲，把人頭抱在懷裏，大哭道：「佳人難再得呀！」他泣不成聲，吩咐手下備棺收殮，然後披頭散髮，大哭著步行去送葬。

高洋喝醉了酒，喜歡虐待傷害妃嬪，但對皇后李氏連罵都不罵一句，對李氏的母親、姐姐則不同了。一次，高洋喝醉了酒，闖進岳母家。看到岳母崔氏胖墩墩的，像個箭靶，於是從腰間摘下弓來，從袋中拿出鳴鏑箭，瞄著崔氏射去，不偏不歪，正中面頰。崔氏痛得大叫，高洋反而大罵道：「你算個什麼東西，我喝醉了酒連太后都不認得，別說你這個蠢老婆子了！」他用馬鞭狠狠地抽了崔氏一頓，才心滿意足地離去。

對於高洋的酒後胡爲，他的母親婁太后曾多次管教。高洋是個孝子，婁太后管教他，他一般都恭順地聽，但喝酒時就全都忘了，有時喝醉了酒，連太后都不認識了。

有一次，高洋設宴爲婁太后祝壽，醉酒後發狂胡鬧。婁太后實在看不下去了，就拿起拐杖打了他幾下，一邊打一邊罵：「你父親如此英雄，怎麼有你這麼個混蛋兒子！」高洋挨了打，也生氣了，他一邊奪過拐杖，一邊說：「你算什麼老娘，早就該把你嫁給胡人了，你再打，我馬上就把你嫁給胡人。」婁太后大怒，坐在榻上，不說也不笑了。

高洋急了，想逗太后高興，就四肢著地爬到太后坐的榻下，然後往上一拱身，準備像駱駝一樣馱起太后來，但醉後不能掌握平衡，一下子把太后掀倒在地，摔了一個四腳朝天，年近六十歲的婁太后被摔得頭破血流。高洋一驚，酒也醒了。看到自己傷了老母，他痛徹心髓，馬上吩咐手下在殿前堆柴架火，準備投火自焚。

婁太后本來不準備理這個瘋子了，看到他要自焚，嚇得不顧傷痛，親自起來拉他，強作歡笑說：「你醉酒做錯了事，我不計較。」高洋不能原諒自己，他在殿前鋪上氈子，自己脫光脊背，讓平秦王高歸彥執棒行杖刑。

他一邊數說自己的罪惡，一邊威脅高歸彥說：「你打不出血來，就殺了你！」婁太后不忍看兒子受苦，又上前抱他起來。婁太后苦苦哀求，高洋最後答應用鞭子打腳五十下才肯起來。挨完打後，高洋穿戴好衣冠，向太后謝罪，並保證以後不再重犯。他痛哭流涕，感動得太后及左右侍從都哭了。

第二天，高洋果然戒了酒，但十天後，又恢復了原樣，甚至喝得更厲害了。由於酒喝得太多，高洋變得昏亂妄為，嗜殺成性，而且手段極為殘忍。

高洋在位的第八年，永安簡平王高浚來朝，跟隨他到山東遊幸。高洋以裸裎為樂，還表演狐狸搖尾巴的遊戲。高浚進言：「這不是人主應該做的。」高洋聽了非常不高興。回到州裏，高浚又上書切諫。高洋大怒，派人把高浚抓來，與上黨王高渙一起裝入籠中，投入北城的地牢下。

第二天，高洋親自帶領左右侍從到地牢口唱歌，還讓高渙和歌。唱完後，高洋親自刺高渙，還命令壯士劉桃枝往籠子中亂刺。最後高洋命人往籠中亂投薪火，將兩人活活燒死。他又大肆誅殺元氏，前後死的達七百二十一人，把他們全部投入漳河中。高洋的暴行達到了令人髮指的地步。

高洋三十歲時，已經不能吃飯，每天只喝幾碗酒，最後終於在昏醉中離開了人世。可能人們很難理解，高洋是個漢人，可是卻嗜酒如狂，特別是醉酒後的亂行妄為簡直與北方胡人一般。

其實，高洋是典型的鮮卑化的漢人。早在北魏初年，為了阻止柔然南下的威脅，在東起赤城西至五原的地方修建了長城；在沿邊要塞設置軍事據點，即沃野等六鎮。六鎮鎮將由鮮卑貴族擔任，鎮兵多是拓拔族成員或中原的強宗。北魏遷都洛陽後，北方防務逐漸不被重視，鎮將地位大為下降，升遷日益困難。因此他們對北魏政府嚴重不滿，鎮兵的地位更是日趨低賤，與謫配的罪犯為伍，受到鎮將、豪強殘酷的奴役和剝削，他們對鎮將、豪強和北魏政府懷有強烈的仇恨，終於在西元五二三年發動了起義。

邊鎮豪強集團利用當時的混亂局面，各自發展自己的勢力。高洋家族正是從中原謫遷到邊鎮，在北魏末年的起義中勢力逐漸壯大起來的。長期在邊鎮生活，鮮卑人的生活習俗在他們身上打上了深深的烙印。高洋嗜酒如狂的豪放性格本身就與北方民族如出一轍，醉酒後的狂妄性格更顯示了鮮卑民族的影響。

幼天王的悲劇
洪天貴福之謎

洪天貴福（一八四九～一八六四），廣東花縣人，洪秀全之長子。咸豐元年（一八五一）被立為天國幼主，十年，開始處理政務。同治三年（一八六四）五月，即位，號幼天王，六月，天京被清軍攻陷，其在李秀成的護送下出城。同年九月，在石城被俘，被殺於南昌。

洪秀全認爲「福」字比較吉祥，就給他的兒子改名爲洪天貴福。太平天國甲子十四年四月二十四日登極，在玉璽中，他的名字下橫刻「真主」二字。六月六日，天京城就被攻破了。洪秀全在天京淪陷前死去，那麼洪天貴福的命運如何呢？

當時的天京城環境緊迫，城陷之後，到處是大火，遍地是流血。幼天王張皇無措，他拋棄了四個幼娘娘，自己逃往忠王府。忠王率領千餘人，「假裝官兵，從缺口出來」。（《洪福填自述》）列王李萬材被俘後，談及幼天王離開天京的情形時說：「幼主與忠酋出城，分作二隊，幼主與王長兄等為前隊，已去遠」。

在《李秀成自述》中，有幼天王突圍的詳細描述。破城之時，忠王從太平門急奔朝門。那個時候，幼天王與兩個兄弟已經先到了，見到忠王，一齊向前詢問該怎麼辦。忠王當時也沒有什麼好辦法，「獨帶幼主一人，其餘不能理。幼主無好馬，將我戰馬交與其坐，我另騎不力之馬」，「盡心而救天王這點骨血，是盡我愚忠。」

李秀成護衛著幼天王左衝右突，先後想從北門、水西門、小南門等衝出，但均告失敗。三更以後，忠王拚死衝鋒，「帶幼主衝由九帥攻倒城牆缺口而出」。因為忠王騎不力之馬，最終在方山被俘。忠王讓馬一事，在呤唎的《太平天國革命親歷記》一書中記載，說忠王「把自己所乘的強壯快速聞名的白馬讓給天王之子幼天王，強迫他騎上逃走」。幼天王憑藉忠王讓出來的良馬，終於衝出天京重圍，而忠王則因騎劣馬而身陷囹圄。

幼天王逃出天京以後，當時他的下落眾說紛紜。有難民向清軍報告了他的死訊。但是堵王黃文金說天王還活著。李秀成向俘虜他的清軍說，幼天王應該已經死於亂軍之中了。《李秀成自述》記載幼天王逃離天京後的情形：

「幼主出到城外九帥營中，營營炮發，處處喊聲不絕。我與幼主兩下分離，九帥之兵，馬步追趕。此時雖出，生死未知。十六歲幼童，自幼至長，並未騎過馬，又未受過驚慌，九帥四方兵追，定然被殺矣。若九帥馬步在路上被殺死，亦未悉其是幼主，一個小童，何人知也？在獄中，李秀成寫了《自述》，其中「收齊之章程」第五條說：「查幼主果能到處，再有別樣善謀，又再計較，此人必不能有了。」

李秀成以爲，幼天王成長於深宮之中，不善騎馬，更沒有作戰經驗，所以他很可能已經死於亂軍。有學者以爲他這樣說是故意放風，造成幼天王已死的假象，迷惑清軍，好幫助洪天貴福脫險。不過即使如此，想想李秀成以一員赫赫戰將的身分尚且就縛沙場，那麼洪天貴福以一個十六歲的黃口小兒在「馬步追趕」中身死，也是合乎情理的。所以清廷相信了李秀成的說法。

曾國藩就認爲，洪天貴福衝出重圍後必死無疑。「洪福瑱以十六歲童騃，縱未斃於烈火，亦必死於亂軍，當無疑義。」當有人向曾國藩報告洪天貴福尚存人間時，曾國藩表示懷疑，他在給朝廷的奏本中說：「其洪福瑱果否尚存，臣現派蓄髮降卒四處訪查，不欲僅以難民之言爲憑。……或洪福瑱實已身死，而黃文金僞稱尚存，亦古來敗賊常有。」

事實上，洪天貴福大難不死，逃了出去。在天京城被攻陷以後，洪天貴福在隨行人員的護送下，平安到達了安徽廣德。堵王黃文金迎接他到了浙江湖州，並與干王洪仁玕會集。然後他任命洪仁玕爲正軍師。因爲湖州糧乏軍單，不能建都立業，於是決定去江西建昌、撫州，與傳王李世賢、康王汪海洋會合，再前往湖北，與翼王、扶王會合，占踞荊襄，以圖長安，重建基業。

七月，洪天貴福一行人從湖州出發，去江西。八月，在江西石城縣楊家牌遭到夜襲，君臣失散。洪天貴福棄馬步行，與隨行數十人躲入一大坑中。清軍下坑捉人，但由於幼天王躲在黑暗的地方，所以並沒有像其他人那樣被清軍發現。官兵走後，洪天貴福從坑裡爬出來，在山裡獨自躲避了四天。因爲飢餓難熬，就下山找食物。他自稱湖北人，姓張，到一唐姓人家幫傭割禾，在唐家剃了頭。四天後，他又離開唐家，去廣昌白水井。途中遇見一個士兵，將他的衣服剝去。走到瑞金的時候，又遇到一個士兵捉他去挑擔，他不從，回頭走到石城地界，在荒谷中轉遊了十來天。到九月二十五日，清廷游擊周家良在搜山時捕獲了他，李秀成年僅四歲的次子李其祥也一同被捕獲。

同治三年十月二十日（太平天國甲子十四年十月初六日），幼天王洪天貴福在南昌被綁赴市曹，凌遲處死。在《上海新報》同治三年十一月初八日的時事短評中說：「忠逆狡獪異常，身在囹圄，猶蒙混大憲，爲幼逆等漏網地步。」

在這之後，當時還有傳聞說他沒有死。一八六四年十二月，英人威里塔斯從廈門給香港《每日新聞》發信，說他再訪漳州時，「叛軍告訴我，天王之子亦在這些城市之中的某一城內」（《太平天國革命親歷記》）。當然，這大概是太平軍餘部爲了鬥爭形勢的需要，打著他的大旗，來鼓動人民反對清政府的需要吧。

無情或無權

清太祖殺弟之謎

清太祖（一五五九～一六二六）努爾哈赤，愛新覺羅氏。生於建州（今遼寧新賓），少時喜武，弓馬嫻熟，武藝超凡。襲建州左衛指揮職後，相繼征服建州女真、海西女真等，於萬曆四十四年建大金，建元天命，稱汗。定國政、創滿文、建八旗制，並於天命元年（一六一八）反明。數年間，連克撫順、遼陽等城，遷都瀋陽。一六二六年，身患毒疽，卒於靉雞堡，葬福陵。

談起清王朝的建立，人們首先想起的是清太祖努爾哈赤，是他奠定了大清王朝三百年的江山基業。其實，在努爾哈赤的背後，還有一位對大清天下居功至偉的人物，那就是努爾哈赤的親弟弟舒爾哈齊，只是因爲特殊的原因在史書中缺少記載，而他的子孫在清王朝中一直擔任顯要的位置，備受重視。

清末咸豐皇帝在熱河避暑山莊去世後，遺詔讓怡親王載垣、鄭親王端華、尚書肅順等八人輔政,號稱「贊襄政務王大臣」。這端華、肅順係同胞兄弟,時人稱「端三肅六」,他們是舒爾哈齊的八世孫。

努爾哈赤有弟兄五人,但稱得上同胞手足的,只有三弟舒爾哈齊和四弟雅爾哈齊。一五八三年,努爾哈赤的祖父和父親被明軍誤殺,努爾哈赤繼承了父祖的職位,統領建州左衛都指揮,還受封敕書、馬匹,當時遼東鎮帥李成梁對他也未加留意。當時的努爾哈赤廿五歲,舒爾哈齊二十歲。兄弟倆爲報父祖的亡仇,秣馬厲兵,不幾年間,建州異軍突起,不但令周圍女真各酋刮目相看,就連明朝和朝鮮也都知道這兄弟二人多智習兵,志向不小。

當時朝鮮政府得到情報說,努爾哈赤自稱爲王,其弟自稱船將,立志要「報仇中原」。明朝當政對兄弟二人採取羈縻的政策,高官厚饋,努爾哈赤晉升都督,加龍虎將軍勳銜,舒爾哈齊也被明廷授予都督崇階,故在建州內部人稱舒爾哈齊爲「二都督」。當時,凡軍機大事,努爾哈赤兄弟登高密議,決定之後,雷厲風行,竟無一人瞭解內幕。但是到了一六一一年(萬曆三十九年)建州女真統一內部,還滅掉了海西女真哈達、輝發二部,有精兵勁卒數萬,虎視遼東,窺探中原,有帝王之勢的時候,舒爾哈齊卻突然去世了,《清實錄》所記,一六一一年八月十九日舒爾哈齊「薨,年四十八歲」。在日後清代的官修史書中,舒爾哈齊對清王朝的豐功偉績無從追尋,實在耐人尋味。

舒爾哈齊是怎麼死的呢?史實中對他何以致死,喪禮如何,全不做交代。當時明朝方面的記載則是「奴酋忌其弟速兒哈赤兵強，計殺之」。（王在晉：《三朝遼事實錄》）「奴兒哈赤殺其弟速兒哈赤，並其兵。」（沈國元：《皇明從信錄》）明代黃道周更是詳細描述了這場骨肉相殘的悲劇：「酋疑弟二心，佯營壯第一區，落成置酒，招弟飲會，入於寢室，鋃鐺之，注鐵鍵其戶，僅容二穴，通飲食，出便溺。弟有二名裨將以勇聞，酋恨其佐弟，假弟令召入宅，腰斬之。」（《博物典匯》）

在清代的老檔案《滿文老檔》中記載，一六〇九年（萬曆三十七年）三月間，努爾哈赤以舒爾哈齊圖謀自立為理由，殺舒爾哈齊一子及一僚屬，削奪了他所屬的軍民，兩年後，舒爾哈齊死去。

如果當時的舒爾哈齊自有軍隊，當然不可能束手就擒。所以努爾哈赤用計囚禁，殺其親信，是不可避免的。看來，明人說努爾哈赤殺害胞弟，多半不是誣傳。

如果說努爾哈赤殺了自己的同胞兄弟，那麼，究竟是什麼原因使得最為親厚的兄弟二人同室操戈、骨肉相殘？其中當然是有權力之爭的緣故。和努爾哈赤一樣，舒爾哈齊也是明朝廷任命的管理建州女真的官員，又有自己屬下的兵馬，如果他能聽從兄長的指揮，自然和努爾哈赤相安無事，但舒爾哈齊偏偏又是桀驁難制的人，處處要和兄長分庭抗禮，兄弟之間難免矛盾重重。雖然不及其兄兵強馬壯，舒爾哈齊還是決心離開兄長。

對努爾哈赤來說，舒爾哈齊的獨立完全是在自己身邊又立一敵國，由此努爾哈赤起了殺心。

關於這場內部的殘殺，有人指出這不單是權力的爭奪，而是一場「叛明」和「擁明」的鬥爭，明朝政府很注意扶持舒爾哈齊來削弱努爾哈赤的獨立勢力，於是重建了建州右衛。新設右衛的治所黑扯木位於遼寧鐵嶺的東南。看來，清太祖殺弟的疑案牽扯的問題還涉及到很多方面，一時難以完全澄清。

不過，舒爾哈齊為其兄有意誅除的史實，基本上已經被公認了，不管權力之爭也罷，政見之爭也罷，二者互相交織也罷。舒爾哈齊生前有大功於清室，身後卻寂寥無聞，但又不敢明言其死因。龍興之初的諸王冤案後來有不少得到了清帝的平反，惟沒有給舒爾哈齊昭雪，這一方面是因為努爾哈赤的子孫們不願承認其祖有殺弟的惡名，另一方面，在清人看來，努爾哈赤殺弟也是出於維護帝業的目的，因此不能推翻太祖首定的鐵案。舒爾哈齊之子濟爾哈朗後以功得封鄭親王，終清之世，王爵世襲罔替，即俗稱「鐵帽子王」也。這在一定意義上講，也可以說是皇室對舒爾哈齊開創之功的酬答吧。

煤山上的亡國君

崇禎自縊之謎

崇禎（一六一○～一六四四）朱由儉，光宗第五子。即位後，罷奸閹魏忠賢，誅奸臣，欲挽狂瀾於既倒。但明朝大勢已去，清軍進逼，李自成圍城，終成亡國之君。崇禎十七年（一六四四）三月，李自成攻克北京，其自縊於北京煤山。廟號思宗，謚莊烈愍皇帝。

崇禎皇帝朱由儉是明王朝最後一個皇帝，李自成攻陷北京之後，他就自縊而死，但是具體情況，說法並不是很確定。

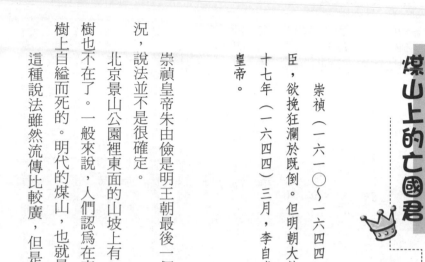

北京景山公園裡東面的山坡上有一棵古槐，據說就是崇禎皇帝自縊的地方。但是浩劫中這棵樹也不在了。一般來說，人們認爲在李自成攻破北京後，崇禎皇帝倉皇逃走，在煤山東麓的一棵樹上自縊而死的。明代的煤山，也就是今天的景山。

這種說法雖然流傳比較廣，但是其中還是有不少疑問的。一六四四年三月十九日中午，李自成的軍隊攻進了北京城。他們進入承天門，占據了皇宮，當然要找到崇禎。據《烈皇小識》卷八記載，農民軍在「大搜宮中不得」之後，乃懸重賞、申嚴誅：「獻先帝（崇禎）者萬金、封伯爵。匿者，夷其族。」這樣直到二十二日才找到崇禎遺體。為什麼那麼久才找到呢？按理說，景山本是皇室內苑，如果說崇禎真死在那裏，那麼怎麼可能找那麼久才找到呢？

關於這個問題，其他的著作中有不同的說法。《明史》中的《李自成傳》和《王承恩傳》裏說，崇禎帝自縊的地點不是景山槐樹上，而是「壽皇亭」中。《明實錄．崇禎實錄》卷十七載：「天且曙，仍回南宮，散遣內員，攜王承恩入內苑，登萬歲山之壽皇亭。俄而上崩，太監王承恩亦自縊從死焉。」，《明史》卷三百九《流賊傳》也說：「十九日丁未，天未明，皇城不守，鳴鐘集百官，無至者。乃復登煤山，書衣襟為遺詔，以帛自縊於山亭，帝遂崩。」《明史紀事本末》卷七十九亦說：「遂仍回南宮，登萬歲山之壽皇亭自縊。」，另外，崇禎死於壽皇亭的說法還見於夏燮《明通鑑》卷九十、談遷《國榷》卷一百、徐鼒《小腆紀年附考》卷四等書。

但是景山之上，明代並沒有建築，到了清代才建了五座亭子。所以「壽皇亭」的說法，應該是靠不住的。明代倒是有「壽皇殿」，但它在山後（今少年宮），與傳聞崇禎自縊處比較遠。

明末親歷甲申之變的錢謙益所著《甲申傳信錄》有這樣的記載：「（崇禎）易袍履與承恩走萬歲山，至巾帽局自縊。」這個記載很符合崇禎在農民起義的浪潮中走上自我毀滅的心理變化過程。崇禎皇帝一向剛愎自用，這樣的性格決定了降不能降，死不能死。就在李自成大軍攻破北京之際，他於三月十八日取太監衣帽化裝後，企圖從崇文門、正陽門、朝陽門、安定門等處逃跑，但是沒有成功，因爲守門士兵不知他是皇帝，對他進行了阻攔。

在逃不成的情況下，崇禎眼看大勢已去，心灰意冷之下，自縊身亡。他死的時候「以髮覆面，白袷藍袍白細褲，一足跣，一足有綾襪」，非常狼狽。

除了以上講的幾種之外，還有不同的說法。據《明季北略》記載，崇禎自縊在海棠樹上。當時皇城內，巾帽局附近的回龍觀海棠最盛。《京師坊巷志稿》引《天啓宮詞注》：「回龍觀多海棠，旁有六角亭，每花發時，上臨幸焉」，這說明明代皇帝對這一帶很熟悉，因此崇禎逃到這裡自縊是比較可信的。

黃雲眉《明史考證》第一冊載：「帝崩於萬歲山。」「萬歲山，金人名瓊花島，元至元四年築宮城，山適在禁中，遂賜今名。」這種說法認爲崇禎自縊於今北海的白塔山。

紅學家俞平伯在《崇禎吊死在哪裡？》一文中，說崇禎「北出宮廷爬上煤山，在那裡又查看外國來的大炮，他又給李自成寫了血書，要求他不要壓迫老百姓，不要再用那些不忠的官僚。然後他自己就在管園人所住小屋裡椽子上吊死了」。

種種說法，不一而足。但是根據考證，明末的萬歲山即今日之煤山。因此崇禎皇帝吊死在煤山的說法應該是比較可信的。

皇上也兼差

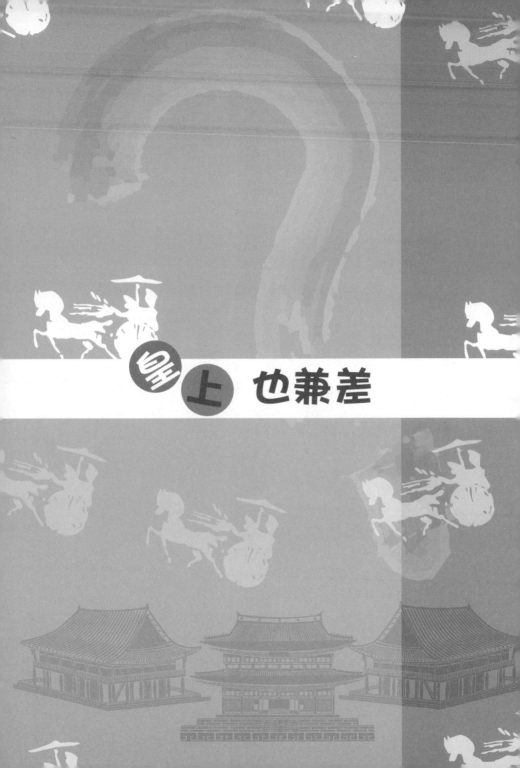

俳優帝王

後唐莊宗之謎

李存勖（八八五～九二六）即後唐莊宗，五代唐王朝的建立者。初嗣位為晉王，據太原。後梁龍德三年（九二三）稱帝，建都洛陽，同年滅了後梁。其性格殘暴，嗜殺無度，貪財如命，於同光三年（九二六）在兵變中被殺。

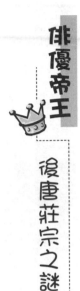

李存勖是晉王李克用之子。西元九一三年，他滅燕，殺劉仁恭、劉守光父子。西元九二二年，他驅逐南下的契丹軍隊。西元九二三年，他在魏州（今河北大名北）即皇帝位，是爲莊宗。同年，他滅後梁。即位以後，他禁止軍士無故侵暴百姓，嚴明紀律，規定行軍不得違反命令，擅自改變次序、不守紀律、貽誤軍機的，一律斬首。在政治上，他減輕租稅，懲戒一批貪官污吏。正是由於上述舉措，他才得以滅後梁，消滅河北三鎮，迫使李茂貞臣服自己，進一步統一了黃河流域。

西元九二五年，他發兵滅前蜀，將勢力擴展到長江上游。文獻還記載，他雅好音律，喜歡唱曲，每次用兵時他便編出軍歌，教給將士，命他們衝鋒陷陣時，高歌猛進，來激勵士氣，所以每次戰鬥，人人都忘其死，成為用兵史上的奇蹟。然而，就是這樣一位風雲人物，卻敗死在伶人之手，究其原因是由於他是個戲迷，寵信伶人。

李存勖生性喜歡俳優，還為自己起了個優名「李天下」。從繼任為晉王到稱帝，他常常和俳優在宮廷裏排戲。

一次，他正在和戲子們排戲，突然喊道：「李天下，李天下在哪裡？」一個叫敬新磨的名演員聽到李存勖這麼喊後，二話沒說，趕上來就給他一記耳光，喧鬧的場面一下子變得寂靜起來。從古到今，誰敢掌天子的嘴，戲子們一個個嚇得要死，默不做聲。李存勖捂著臉，呆立在那裏，臉色極為難看。

看到這種不妙的場面，一個戲子打破了寂靜，急切地質問敬新磨：「你怎麼敢打天子？」敬新磨不緊不慢地說：「綜理天下的只有一人，幹嘛要呼喊兩次，難道可以有兩個人來治理天下嗎？」他的這番話把大家說樂了，氣氛頓時又變得活躍起來。李存勖也轉怒為喜，還重賞了敬新磨。

李存勖喜歡演戲，提高伶人的地位，本無可厚非，但他卻放縱他們，讓他們干預政治，結果導致了政治的腐敗和政局的混亂。早在後唐建國之前，就有伶人官居州郡之位，貽誤軍事。滅後梁時，原來受寵的伶人周匝先為梁軍俘虜，多虧後梁教坊使陳俊的保護才得以活命。李存勖到汴梁（今河南開封）後，周匝趕來謁見，並垂泣身陷後梁的事，推薦陳俊，請求李存勖任命他做郡守。以後這些伶人恃寵怙勢，出入宮掖，侮辱縉紳，群臣對他們既憤恨又嫉妒。李存勖於是命令伶人景進等做耳目，到外面採訪消息。每當景進上殿奏事，左右侍從都須回避。

景進實際上成了特務頭子，內外官員都對他畏懼三分，爭相依附，連當時像孔謙那樣的酷吏，見了景進，都得恭恭敬敬地叫聲「八哥」。李存勖初到洛陽，住在唐朝的故宮裏。這些伶人胡作非爲，活像一群土匪，以至於軍士的妻女都紛紛逃走，以免遭殃。這些藝人敗類將後唐政治搞得一塌糊塗。

當然，並非所有的伶人都如此。李存勖喜歡遊獵。他外出打獵時，常常踏壞莊稼，把洛陽附近的農田糟蹋得不像樣子。何澤當時爲洛陽令，就攔馬勸諫道：

「陛下沒能統一天下，讓老百姓休養生息，卻暴斂貧民來滿足軍糧供給。如今莊稼馬上就要成熟了，陛下爲什麼恣意游獵，不顧莊稼的死活豐荒？照此下去，老百姓靠什麼出租賦？官吏憑什麼督勸老百姓努力耕作？陛下如果不聽從臣的勸諫，希望賜臣死於馬前，好讓後世知道陛下的過錯。」

李存勖沒有想到自己會有這樣忠心盡職的地方官吏，於是暫時停止了遊獵，並任命何澤爲倉部郎中。但是以後李存勖田獵如故，而且態度不比從前。

一次，他遊獵到中牟，踏壞了莊稼。中牟縣令攔馬切諫，爲民請命。李存勖沒有想到自己貴爲天子，外出打獵，也要受這樣的限制，不禁大怒，喝令把縣令拉下去砍頭。伶人敬新磨故意把縣令拉到李存勖馬前，裝模作樣地罵道：

「你身爲縣令，難道不知道天子喜歡打獵？竟敢讓百姓在這塊地上種莊稼！你爲什麼不叫他們餓死，空出這片土地，供天子跑馬取樂？你這縣官，真是該死！」

於是向李存勖請示，速將這個縣令斬首示眾，其他的伶人也爭相附和。看到敬新磨等人表演的這幕戲，李存勖哈哈大笑，釋放了中牟縣令。

帝王有點愛好，並不是一件壞事，但是如果放縱自己的愛好，勢必會造成荒淫無度、混亂朝政的局面。滅後梁後，李存勖把享樂看作天下最大的一件事，讓皇太后行誥令，皇后行教令，令出多門，政治一片混亂。他又寵信伶人，讓他們擔任高官。雖然伶人中有像敬新磨這樣的人，但大多數伶人驕奢淫逸，作威作福。

西元九二六年，趙在禮謀反，攻佔了鄴都。李存勖派遣大將李嗣源平叛，李嗣源隨即在汴州謀反，並在伶人郭從謙的內應下攻入宮城。李存勖被亂兵射死，年僅四十三歲。他寵信伶人，最終卻命喪於伶人之手，其結果發人深思。

詩人與帝王——南唐後主之謎

李煜（九三七～九七八），字重光，五代後期南唐國主。世稱李後主。西元九七五年，宋兵破金陵，出降，後被毒死。能詩文、音樂、書畫，尤以詞名。詩文語言生動，充滿了對身世及現實的吟嘆情緒。其作品在題材及意境上突破了晚唐五代詞以豔情為主的窠臼。

身爲階下囚的李煜，日日過著以淚洗面的生活。面對春花秋月、良辰美景，緬懷故國之情油然而生，於是他創作了這首千古傳誦的《虞美人》：

「春花秋月何時了，往事知多少！小樓昨夜又東風，故國不堪回首月明中。
雕欄玉砌應猶在，只是朱顏改。問君能有幾多愁，恰似一江春水向東流。」

沒想到他竟然因此獲罪，被宋太宗趙光義派人毒死。

李煜是南唐的末代國主。他即位時，南唐國力已呈衰頹之勢，國破家亡的威脅時時籠罩著這位性格懦弱的國主。他仇恨宋朝的壓迫，卻害怕用武力與宋朝相抗衡，只要能以小邦苟且偏安，他甘願貢物稱臣。政治上的懦夫、文化上的巨人，這兩種矛盾的性格竟然和諧地統一到李煜身上，塑造了中國封建社會罕見的一位帝王。

李煜的父親，南唐元宗李璟是詞壇高手，李煜自幼便生活在這麼一個優越的文化環境中，對詞也極爲喜愛。即位時，南唐國力日衰，他所面臨的是「無可奈何花落去」的命運，因此這時期，他的詞一部分表現爲對宮廷豪華生活的迷戀，一部分則飽含著沉重的哀愁。

被俘以後，李煜在每日以淚洗面的生活裏，總有一種無法抑制的思蜀之情。在「朕即國家」的社會裏，對李煜來講，國破就是家亡。因此這時期他的詞傾訴的雖然僅是個人的哀愁，但這哀愁與國家的淪亡息息相關，意境大異往昔，深哀巨痛，非常感人。其《相見歡》云：

「無言獨上西樓，月如鉤。寂寞梧桐深院鎖清秋。剪不斷，理還亂，是離愁。別有一番滋味在心頭。」

這首詞通過對如鉤新月、深鎖桐陰的描述，將其紛繁的離愁表現得淒涼哀婉。身爲南唐天子，此時為北地幽囚，李煜所承受的痛苦，自然與常人不同。心頭交集的不知是悔還是恨，想說卻不知從何說起，而且無人可以訴說，這種滋味真是令人腸迴心倒。

李煜不僅善填詞，而且耽嗜音律，並由此荒廢政事。皇后周娥皇是司徒周宗的女兒，通書史，善歌舞，尤其彈得一手好琵琶。一個風捲雪花之夜，在後宮的暖閣裏，酒宴正酣。周娥皇舉起酒杯，笑啓櫻桃小口，對李煜說：「如此良宵美景，為何不起舞助興？」

十分興奮的李煜滿臉笑容，深情脈脈地看著周娥皇說：「正合朕意，不過你要創作新曲才好。」

當時盛唐曾廣為流傳的《霓裳羽衣曲》早已被人淡忘，周娥皇得到了一份殘譜。她根據自己的理解，重新創作，經過努力，終於恢復了《霓裳羽衣曲》的原貌，開元、天寶之音得以重新迴蕩。有這樣的音樂才能，創作幾首歌曲對於周娥皇來講，簡直不費吹灰之力。她隨即命人鋪開紙箋，綴寫曲譜，喉無滯音，筆不停思，不久就創作出兩支曲子，一為《邀醉舞破》，一為《恨來遲破》。二人隨著曲子舞了起來。

周娥皇不僅擅長音律，於采戲、弈棋也無不精妙。對於這樣一位多才多藝的知己，李煜寵愛不已，與她朝朝暮暮，整日沉浸在輕歌曼舞中。周娥皇死後，李煜對她思念追憶。周娥皇創作的兩支曲子，時間長了，樂籍差不多忘記了。李煜整理舊曲，顧問左右，只有當時的嬪御流珠追憶無失。李煜由此感到莫大的寬慰。

作為帝王，很難做到愛情專一，李煜也是如此。周娥皇有個妹妹，史稱小周后，長得仙姿綽約，神采端靜。周娥皇在世時，李煜就和她常常秘密約會。一個春夜，月色朦朧，薄霧籠花，小周后打扮得花枝招展，眉黛輕掃，髮髻高挽，穿一身短小的衣裳，手提著金縷鞋，急匆匆地溜出宮，奔向畫堂南畔。在那兒，手執團扇、一身文士打扮的李煜正翹首以待。

小周后見到李煜後，一頭撲到懷中，任憑他憐愛。對於李煜和妹妹的風情，周娥皇只有暗自神傷，終於身染沉疴，命歸黃泉。從此，李煜可以和小周后公開往來了。

小周后的音律才能比不上姐姐周娥皇，但卻是個下棋的高手，酷愛圍棋與象棋，因而備受棋迷李煜的寵愛，二人常常佈局廝殺，以此為樂。

一天，李煜與小周后正在對弈，二人殺得難解難分。為了下個痛快，不受任何干擾，李煜命令衛士守住宮門，對前來奏事的大臣一律不予接待。一位大臣向李煜奏報國家收入情況，眼看入不敷出，國庫空虛。一位大臣奏報宋朝正在調兵遣將，提醒李煜早做準備。結果他們都被衛士擋在了宮外。

三朝元老大理卿蕭儼知道後，怒氣沖沖地闖入宮中，將棋局掀翻在地。隨同進來的文武大臣不禁愕然，替蕭儼擔心。

李煜見狀，勃然作色道：「你難道想效仿魏徵嗎？」

面對暴怒的國君，蕭儼憤然厲聲道：「臣但願能做個當年的魏徵，也請陛下做個當年的唐太宗。假如臣不配做魏徵，那麼陛下也不配做唐太宗！」這幾句話說得李煜啞口無言，爲之罷弈。

李煜擅長書畫。繪畫清爽不凡，另爲一格。所畫墨竹，自根至梢極小者一一鉤勒，號稱「鐵鉤鎖」。所畫林木飛鳥，遠遠高出一般畫家。所畫風虎雲龍，有霸者的風采。李煜書做額頭、屈曲之狀，遒勁如寒松霜竹，被稱作「金錯刀」。

他喜做行書，落筆瘦硬，而風神溢出。由於李煜的書法極有特點，人人以得到他的作品爲榮。馮延巳寫詞祝賀李煜生日，李煜親賜手書，馮延巳喜不自禁。在清涼寺法堂前有德慶堂，榜額就是李煜親自書寫的。

西元九七八年七月初七，李煜被毒死。這一天正是民間傳說中牛郎和織女相會的日子，狠心的王母娘娘用金簪在天上劃出一道天河，將這對恩愛夫妻活活拆散。喜鵲仙子同情這對夫妻，每年的這一天，召集天下的喜鵲，在天河上搭起一座鵲橋，讓他們相會。在這個充滿中國文化精神和風俗的日子裏，李煜降臨人間，又命歸黃泉。歷史竟然是這樣出奇的巧合。

李煜雖然懦弱無能，卻不是個暴君，以愛民爲急，蠲賦息役，頗得民心。江南縉紳百姓聽到李煜的死訊，都失聲痛哭，設齋祭奠。那些曾經入掖庭的宮娥，都手寫佛經，爲李煜祈禱冥福。李煜的寬厚仁慈可見一斑。宋太祖趙匡胤曾言：「像李煜這樣文縐縐的人只能做翰林學士，哪配做一國之主？」這話可以說是頗爲中肯。

由於生活的巨變，李煜後期的詞作，多凄涼悲壯，意境深遠，為蘇軾、辛棄疾的「豪放」派打下了伏筆，為詞史上承前啟後的大宗師。其語句的清麗，音韻的和諧，更屬空前絕後。

《破陣子》

四十年來家國，三千里地山河。鳳閣龍樓連霄漢，玉樹瓊枝作煙蘿。幾曾識干戈？

一旦歸為臣虜，沈腰潘鬢消磨。最是倉皇辭廟日，教坊猶奏別離歌。垂淚對宮娥。

《虞美人》

春花秋月何時了，往事知多少。小樓昨夜又東風，故國不堪回首月明中。

雕欄玉砌應猶在，只是朱顏改。問君能有幾多愁，恰似一江春水向東流。

耽迷製造的「工匠」

元順帝之謎

元順帝（一三二〇～一三七〇），元代皇帝，元明宗之子。其在位期間，王公官吏貪婪無度，加之時遇大旱災害，國內民眾難以生計，不斷爆發農民起義。至正二十八年（一三六八），明軍攻克大都（今北京），其逃亡北方應昌。兩年後亡。

中國古代皇帝輪番替代，有賢明的，有暴虐的，有荒唐的，可以說什麼樣的都有。元朝末年就出了一個巧於製作的皇帝，他就是元順帝妥懽帖睦爾。

元順帝爲元明宗長子，自幼便頗富巧思。他曾經自己設計製作一個宮漏（古代一種計時儀器），十分新奇精絕。宮漏高約六、七尺，長有高度的一半，各種漏壺都隱藏在一個特製的木櫃中。櫃子上設置西方三聖殿。櫃腰立一位身姿綽約的玉女，手捧著時刻籌，隨著時間的推移而浮出水面。櫃腰左右立著兩位身著金甲的神人，一位懸掛著鉦，另一位懸掛著鐘，夜間，兩位神人能夠按照更點擊鉦鳴鐘，沒有半點差錯。

當鐘鉦齊鳴時，旁邊的獅鳳便翩翩起舞。木櫃的東西，有六位日月宮飛仙立於宮前，每當子午時至，飛仙能夠雙雙前進，飛渡仙橋，到達三聖殿，不久又回到宮前，佇立不動。雖然由於文獻記載的不是很準確，元順帝這個宮漏的構造很難讓人有非常明晰的瞭解，但他設計製作的宮漏增添了各種自動報時裝置，顯得精巧絕倫，這點卻是毫無疑問的。

元順帝還是個船舶設計師。西元一三五四年，元順帝在內苑建造龍船，命令內宮供奉少監塔恩不花監工，他親自設計圖紙，命令工匠照圖營造。

這條龍船首尾長一百二十尺，寬二十尺，前面為瓦簾棚、穿廊兩暖閣，後面為殿樓，龍身和殿宇用五彩金妝。船上有水手廿四人，這些水手穿著華麗，頭戴黃金髦頭巾，身衣紫衫，腰繫金荔枝帶。元順帝常乘此船，遊戲於從後宮至前宮山下的海子內。

龍船行走時，它的龍首、眼、口、爪、尾都能動彈，彷佛是真龍在水上嬉戲，真是奇妙無比。元順帝不無驕傲地對妃嬪們說道：「即使隋煬帝再生，也設計不出來這樣的作品。」其得意之色溢於言表。

元順帝不僅頗富巧思，長於製作，還能歌善舞，對歌舞下過一番功夫。他創制《十六天魔舞》，來表現佛家思想。宮女三聖奴、妙樂奴和文殊奴等十六人扮演天魔女，她們梳著很多髮辮，戴著象牙佛冠，身披瓔珞，穿的是大紅綃金長短裙、金雜襖、雲肩、合袖天衣、綬帶，手裏都拿著道具，名叫「噶布喇完」，有一人拿著鈴杵奏樂。另外還有十一個宮女組成的樂隊，她們頭梳椎髻，髻上勒著絲帕，穿著普通的衣服或唐帽窄衫，彈奏著龍笛、頭管、小鼓、琵琶、胡琴、響板等樂器，由宦官長壽、拜布哈管領。

這《十六天魔舞》一般在宮中贊佛時上演。

心存製作，寄情歌舞，這本無可厚非。但是和不少末代帝王一樣，元順帝並非明主，怠於政事，荒於遊宴，這一點他不輸於前代的任何末代帝王。

這是一個風和日麗的春日，元朝宮中景色迷人，柳枝婆娑，百花吐豔，卻無人欣賞。原來元順帝安懽帖睦爾在宮中建了一個集市，開了一爿店鋪。鋪中陳列著九州四方的美味佳餚，鮮豔的錦質旗招在微風中輕輕擺動。他還讓宮中御廚烹鮮飪香，以供遊客享用，又立集寶台，凡是遠夷四方貢獻的珍物，上古遺留下來的器物，都貯存在裏面，供遊人欣賞。整個宮中呈現出一派前所未有的嘈雜。

不僅如此，元順帝還大興土木，廣爲糜費，在禁苑中造眺遠閣、留連館、萬年宮；又開鑿了一口龍泉井，瑪瑙石爲井床，雨花石爲井湫，香檀爲蓋，離朱錦爲井索，雲母石爲汲瓶，這樣的井，裝飾之華麗，質料之貴重，可以說空前絕後。

元順帝還孜孜以求修身養性之術。西元一三五三年，哈麻及禿魯帖木兒等暗中把西天僧進獻給元順帝，教他練習房中運氣之術，名叫「演揲法」。又進獻了另一位西天僧，教他秘密法。元順帝練習了很長時間，一點不見效，反而形神日見疲憊。

當時有獻不死之藥的，元順帝把他召來，對宮人們說：「假使朕服用了這種藥，不吃飯也不會感到饑餓，能夠遨遊於瓊島仙山間，與那些神仙相互唱和，朕將把天下看得跟土塊沒有什麼兩樣了。」

宦官梁行進言說：「陛下穿的戴的，跟神仙沒有什麼區別，海邊的仙山瓊島，與咱們這兒的壺島差不了多少。如果能像現在這樣逍遙一生，也算是極其快樂了，何必仰慕遠方那虛無縹緲的東西呢？」

元順帝於是自稱玉宸館佩瓊花第一洞煙霞小仙，以阿玄爲太素仙妃，一寧爲太真仙妃，在萬歲山築起高牆，樣子像神仙住的天台、赤城一樣，號稱紫霓城；又建玉宸館，疊石爲瓊花洞，居住在裏面。

有奸臣在元順帝面前歌功頌德，說：「人們都認爲天下太平皇帝原來是神仙，陛下何妨端拱無爲，一心做神仙？」

元順帝點頭稱是，從此對於國家大事不聞不問。

然而元順帝並不是什麼太平皇帝，在他忙於製作、心繫歌舞、求仙訪道的時候，農民起義的烽火早已燃遍大江南北。在群雄爭霸中，朱元璋脫穎而出。他先後剪滅割據勢力，於一三六七年分兵三路，進軍元朝的首都——大都（今北京）。當朱元璋的軍隊佔領通州後，元順帝早已心如死灰，只想避兵北行，根本不想與朱元璋的軍隊決一死戰，倉皇率領后妃、太子逃到上都。

西元一三六八年，明大將常遇春、李文忠又率軍直搗上都，元順帝再次北逃。面對祖先金戈鐵馬創下的江山，元順帝淚流滿面，從此鬱鬱寡歡，一年以後即病死。

宮漏的下場

大明兵進入京師時，司天監長官將順帝所造的水晶宮漏進獻給朱元璋。朱元璋看過以後，對侍臣說：「不理政務，而用心在這裡，這就是所謂作無益而害有益！如果用此心治天下，還能滅亡嗎？」便吩咐左右，將水晶宮漏擊碎。

「木匠天才」明熹宗之謎

明熹宗（一六〇五～一六二七）朱由校，明代皇帝。其在位期間，寵信乳母客氏及宦官魏忠賢，屢興冤獄，迫害忠良。農民起義此起彼伏，後金又攻佔遼陽、瀋陽。大明朝瀕於潰滅的危機之中。

中國古代稱皇帝爲天子，既然是天子，必然會有至高無上的權威，享不盡的榮華富貴，但天子的身分也使他們不能無拘無束地享受平民的生活，明代就有這樣一位天子，如果他不做天子，如果他不做皇帝，肯定會是一個很好的木匠，那就是明熹宗朱由校。

明熹宗朱由校在歷代帝王中，是很有特色的一個皇帝，他心靈手巧，對製造木器有極濃厚的興趣，凡刀鋸斧鑿、丹青髹漆之類的木匠活，他都要親自操作，他手造的漆器、床、梳匣等，均裝飾五彩，精巧絕倫，出人意料。史書上記載：明代天啓年間，匠人所造的床，極其笨重，十幾個人才能移動，用料多，樣式也極普通。熹宗便自己琢磨，設計圖樣，親自鋸木釘板，一年多工夫便造出一張床來。床板可以折疊，攜帶移動都很方便，床架上還雕鏤有各種花紋，美觀大方，爲當時的工匠所嘆服。

明熹宗還擅用木材做小玩具，他做的小木人，男女老少，俱有神態，五官四肢，無不俱備，動作亦很唯妙唯肖。熹宗還派內監拿到市面上去出售，市人都以重價購買，熹宗更加高興，往往做到半夜也不休息，常令身邊太監做他的助手。

熹宗的漆工活也很在行，從配料到上漆，他都自己動手，並喜歡創造新花樣，讓身邊太監們欣賞評論。熹宗還喜歡在木製器物上發揮自己的雕鏤技藝，在他製作的十座護燈小屏上，雕刻著《寒雀爭梅圖》，形象逼真。《明宮雜詠》上有詩吟道：「御製十燈屏，司農不患貧。沈香刻寒雀，論價十萬緡。」熹宗雕琢玉石，也頗精工，他常用玉石雕刻各種印章，賜給身邊的大臣、宮監。

熹宗喜歡看傀儡戲，當時的梨園弟子用輕木雕鏤成海外四夷、蠻山仙怪及將軍士卒等形象。熹宗情緒高時，也施展自己的手藝，他做的木像，男女不一，約高二尺，有雙臂但無腿足，均塗上五色油漆，彩畫如生，每個小木人下面的平底處安一拘卯，用長三尺多的竹板支撐著。另外還有一個用大木頭鑿釘成的長寬各一丈的方木池，裏面添水七分滿，水內放有活魚、蟹蝦、萍藻之類的海貨，使之浮於水面，再用凳子支起小方木池，周圍用紗圍成屏幕，竹板在圍屏下，游移轉動，這樣就形成了水傀儡的戲台。

在屏幕的後面，有一藝人隨劇情將小木人用竹片托浮水上，遊鬥玩耍，鼓聲喧天。當時宮中常演的劇目有《東方朔偷桃》、《三保太監下西洋》、《八仙過海》、《孫行者大鬧龍宮》等，均裝束新奇，扮演巧妙，活靈活現。

熹宗做的是如醉如癡，看得也是如醉如癡。每到冬季，西苑冰池封凍，冰堅且滑。熹宗便命一群太監隨他一起玩冰戲。他親自爲自己設計了一個小拖床，床面小巧玲瓏，僅容一人，塗上紅漆，上有一頂篷，周圍用紅綢緞爲欄，前後都沒有掛繩的小鉤。熹宗坐在拖床上，讓太監們拉引繩子，一部分人在岸上用繩牽引，一部分人在床前引導，一部分人在床後推行。兩面用力，拖床行進速度極快，瞬息之間就可往返數里。

除木工活外，熹宗還醉心於藝術，他曾在庭院中做小宮殿，仿乾清宮形式，高不過三、四尺，曲折微妙，巧奪天工。他還曾做沉香假山一座，池台林館，雕琢細緻，堪稱當時一絕。熹宗喜歡踢球，常與太監在長樂宮打球，熹宗覺著玩起來不過癮，就親手設計，建造了五個蹴園堂。

熹宗酷愛木工器作和建築，還表現在對朝廷建築工程的關心上，天啓五年（一六二五）到天啓七年（一六二七）間，明朝對太和殿、中和殿和保和殿進行了規模巨大的重造工程，從起柱、上梁到插劍懸碑，整個工程中熹宗都親臨現場。

熹宗心靈手巧，親手製造的娛樂工具頗爲精巧。他用大缸盛滿水，水面蓋上圓桶，在缸下鑽孔，通於桶底形成水噴，再放置許多小木球於噴水處，啓閉灌輸，水打木球，木球盤旋，久而不息，熹宗與妃嬪在一起觀賞喝彩讚美。

熹宗好蓋房屋，喜弄機巧，常常是房屋造成後，高興得手舞足蹈，反覆欣賞，等高興勁過後，又立即毀掉，重新造新樣製作，從不感到厭倦，興致高時，往往脫掉外衣操作，「饍飲可忘，寒暑罔覺。」把治國平天下的事，早就拋到腦後，無暇過問。奸臣魏忠賢當然不會錯過這個良機，他常趁熹宗引繩削墨，興趣最濃時，拿上公文請熹宗批示，熹宗覺著影響了自己的興致，便隨口說道：「我已經知道了，你盡心照章辦理就是了。」

明朝舊例，凡廷臣奏本，必由皇帝御筆親批；若是例行文書，由司禮監代擬批詞，也必須寫上遵閣票字樣，或奉旨更改，用朱筆批，號爲批紅。熹宗潛心於製作木器房屋，便把上述公務一概交給了魏忠賢，魏忠賢借機排斥異己，專權誤國，而熹宗卻耳無所聞，目無所見，可嘆他是一名出色的匠工，卻使大明王朝在他這雙巧手上搖搖欲墜。

名人部落格

宮刑鑄就的傲骨
司馬遷之謎

司馬遷（約前一四五或前一三五～？），字子長，左馮翊夏陽（今陝西韓城）人。前一〇八年，承父職為太史令，後因為李陵降匈奴辯解，被判宮刑。因家貧不足自贖，遂下獄領刑。後發憤著書立說，寫成《史記》鴻著，被後人稱為「史家之絕唱，無韻之離騷」。

司馬遷的父親司馬談當了三十多年的太史令，一直負責編寫國史。父親的這種孜孜不倦的治學精神給司馬遷很大影響，他決心承繼父志，獻身史學。元封三年，司馬遷繼任父職爲太史令，不久他開始了《史記》的寫作。這時的司馬遷正是潛心寫史的黃金時期，突然橫禍飛來，使司馬遷的命運來了一個一百八十度的大轉彎。

前九十九年，司馬遷正在專心致志著書時，卻被漢武帝投入大牢，第二年又對其實施了一個男子最難忍受的腐刑（即宮刑）。漢武帝（前二〇二～前一五七）乃雄才大略的英主，爲何要把一名正直的史官逮捕入獄且又施以宮刑？

大多數人認爲，司馬遷是因爲替李陵說情才惹來大禍的。天漢二年，漢武帝派貳師將軍李廣利率三萬騎兵出酒泉抗擊匈奴，同時又命騎都尉李陵（？～前七十四）帶五千步卒深入胡地作爲策應。李陵帶領這支軍隊，從居延一路向北進軍，經過一個多月的長途跋涉，到了浚稽山腳下。不料，卻遭到匈奴重兵的伏圍。

匈奴共有三萬多騎兵，忽左忽右，鐵蹄揚起漫天塵沙。匈奴騎兵看李陵的兵並不多，便蜂擁而至。李陵命令斷後的步兵千弩齊發，只見匈奴騎兵紛紛應弦而倒，漢軍又趁勝追殺了數里。匈奴的首領單于大驚，沒想到李陵的部隊竟然神勇如此，又調了八萬多騎兵來圍攻。因寡不敵眾，李陵只得一路血戰，一路向南退卻。

他準備沿著原來的進軍線路撤軍，但卻誤入了一個長滿蘆葦的湖沼地帶。正是秋高氣爽的時節，匈奴兵在上風向點起火。眼看漢軍就要葬身火海，李陵果斷命令士兵先放火把附近的蘆葦、茅草燒掉，以讓大火繞道而去。逃過這一劫後，李陵還是率部往南走，在南山一帶，又遇到匈奴的堵截。他率兵在樹林中與匈奴展開短兵相接的肉搏戰，再次擊潰圍追。但匈奴仗著人多勢眾，不斷衝開漢軍的防禦陣地。這樣你來我往，雙方都死傷無數。

當戰場上陳屍遍地之時，單于開始懷疑這是漢軍的誘敵之計，也不敢大舉進攻，當他從一個漢軍俘虜的口中得知李陵沒有後援之兵，而且幾乎彈盡糧絕，於是下令匈奴騎兵全線出擊。李陵見此情況，不禁大悲，看來自己是沒有活路了，只有領死了。便下令將所有的旗子都毀掉，除了作戰用的東西外，其餘的都埋入土中，以免落入匈奴手中。夜半時分，匈奴騎兵發起最後衝鋒，漢軍此時已無心再戰，多作鳥獸散，李陵終因寡不敵眾當了俘虜。

消息傳到長安，漢武帝十分惱怒。在他看來，即便是失敗，也應該殺身成仁，保持氣節，就像蘇武一樣。朝中大臣沒有一個人為李陵做些辯解，看到憤怒的皇上，大臣們不分青紅皂白都破口大罵李陵的無恥行徑，沒有一個人替他說句公道話。這時，司馬遷站出來，他說了一些「不合時宜」的大實話，結果惹下了滔天大禍。

司馬遷雖然和李陵不是什麼生死之交，但他非常欽佩李陵的為人與才能。李陵在司馬遷的眼中是一位奇士，司馬遷稱他「事親孝，與士信，臨財廉，取予義，分別有讓，恭儉下人，常思奮不顧身，以徇國家之急。」作為一個正直的人，司馬遷非常討厭那些落井投石的人。

李陵未出征前，深得漢武帝的賞識，那些達官貴人也紛紛在漢武帝面前誇讚李陵如何能幹，博他的歡心。一旦李陵兵敗，那些只知顧家保身的朝廷文武官員就看漢武帝的臉色說話，隨聲誣陷。於是，當漢武帝問司馬遷對李陵兵敗投敵有何看法時，他直言不諱地回答：

「李陵雖然舉措失當，但仍奮力迎敵，艱苦鏖戰，古代名將也不過如此，兵敗被俘是不得已的事情。他雖然投降，尚屬情有可原。若說戰敗有罪，罪不在李陵一人。李廣利作為戰場主將，行動遲緩，救援不力，也負有重要責任。另外，從李陵的人品來看，他不是貪生怕死之人，只要他存活於世，就一定會尋找機會報答漢朝。」

司馬遷的話使漢武帝不禁龍顏大變，認為司馬遷是有意在為降將開脫罪責，而且他還懷疑司馬遷的言外之意，是在故意貶低、譏諷這一次出兵匈奴勞而無功的李廣利——漢武帝的小舅子。漢武帝在盛怒之下，把司馬遷以「欺君罔主」的罪名交給獄吏。

第二年，漢武帝有點幡然悔悟，一面賞賜逃回來的李陵的部下，另一方面又派公孫敖深入匈奴駐地迎接李陵歸朝。公孫敖此舉沒成功，但他從一個俘虜那兒聽說李陵正在幫匈奴練兵，準備攻打漢朝。漢武帝聽到公孫敖的報告，不由怒不可遏，立刻下令將李陵全家誅殺。其實，幫匈奴練兵的是另一個漢朝降將李緒，而不是李陵。這下李陵全家被殺，作為替李陵辯護的司馬遷受到了更大的牽連，被漢武帝處以殘酷的宮刑。

這是一種極為殘酷、慘不忍睹的刑法，它不僅殘損人的肉體，而且還給人留下終生的恥辱。司馬遷於西元前九十八年受了腐刑。他從容就刑，臉上無絲毫的悲怨之色。他決定忍辱負重，「苟且偷生」，完成《史記》的寫作，終於為後世留下了「千古之絕唱，無韻之離騷」。

這就是通常人們對司馬遷遭受宮刑的解釋，但也有人認為事情並非這麼簡單。司馬遷入獄及遭受宮刑，看起來是因為得罪了漢武帝的寵臣李廣利，並為李陵的投降變節行為開脫罪責。但這並不是根本問題，真正的原因是在於「誣上」。

在司馬遷看來，李陵的失敗情有可原，那麼，失敗的責任在誰？除去貳師將軍李廣利以外，漢武帝也有不可推卸的責任。皇帝由於對李陵信任度不夠，所以撥給李陵的兵力太少，而且又都是步兵，如此長途跋涉，消耗太大，戰鬥力當然會大大降低。當李陵陷於困境時，卻不見李廣利一兵一卒的接應，這種責任是應當由用人不當的皇帝來負的。漢武帝生性自負，司馬遷當著這麼多的臣工公開讓自己下不了台，他心中如何不惱？於是先投大牢，到了牢獄，司馬遷仍不思悔改，就動宮刑了。

還有人分析，漢武帝早就積聚了對司馬遷的不滿，有意要整治他一下，什麼「詛貳師」、「誣上」、「爲叛將開脫罪責」等，都只是藉口而已。司馬遷怎麼得罪漢武帝了呢？這和他的《史記》大有干係。

東漢學者衛宏在《漢書舊儀注》中發過這樣一段議論：「司馬遷做《景帝本紀》，極言其短及武帝過，武帝怒而削去之。後坐舉李陵，陵降匈奴，故下遷蠶寶。」這也說明司馬遷遭受宮刑的原因並非只爲李陵辯解，而是《史記》的言詞戳痛了漢武帝的瘡疤。

司馬遷的寫作態度是「不虛美，不隱惡」，該褒便褒，該貶就貶，直言不諱，不爲本朝塗脂抹粉，還勇敢地揭露漢家君主將相的一些隱私，漢武帝及其寵信當然難以容忍。可是，皇帝又不能命令司馬遷刪去令自己不悅的地方，那樣會在歷史上留下惡名，所以最不露痕跡的方法是用合法的程序對他治罪。如此來看，司馬遷的倒楣是命中註定的，不管他有沒有牽涉到李陵案，漢武帝都不會放過他的。

還有一種說法是，司馬遷受腐刑與漢武帝的變態性格有關。他的喜怒哀樂主宰了司馬遷一生的沉浮，司馬遷的悲劇實際是漢武帝一手造成的。武帝在位五十四年，先後任命丞相十三人，御史大夫十八人（其中四人升為丞相），這些丞相和御史大夫，或曲意逢迎，或恭謹保位，無人敢於犯顏直諫。司馬遷爲李陵辯解，本意是爲了維護朝廷的利益，減少人們對朝廷調兵不當的指責。可是在盛怒之中的武帝，根本不體察司馬遷的苦心，不等他把話說完，就將他下獄治罪，處以重刑。司馬遷在入獄六年後寫的《報任安書》中，也認爲此事是武帝處事不周所致。

漢武帝在位長達四十五年，幾乎是西漢王朝的四分之一。歷史上常說「漢唐盛世」，而漢的「盛世」，就是以漢武帝在位時期作爲標誌的。不能否認，漢武帝劉徹確是很有作爲的皇帝和傑出的政治家，罷黜百家，獨尊儒術，加強中央集權，發展農業，溝通西域，力拒匈奴。

爲達到西漢王朝的全盛，鞏固中央政權做出了很大貢獻。可惜，「秦皇漢武，略輸文采」，與漢武帝的豐功偉績相連的是他的專制獨裁、好大喜功、殘酷荒淫、剛愎自用，尤其是用人多疑，無端猜忌的毛病顯得十分突出。漢武帝晚年，乖張暴戾，聽不得一點不順耳的話，動輒就對大臣加罪，他先後任用的十三位丞相，就有六人因不太大的過失被殺或被迫自殺。所以朝中大臣無不戰戰兢兢，一味迎合武帝，少有自己的主見，像司馬遷這樣敢於直言、指摘聖上的人被制裁，也不能說奇怪了。

司馬遷在受李陵之禍牽連而無辜受迫害後，坎坷的遭際更鑄就了他一身錚錚傲骨。他從前期記錄漢武帝的文治武功變為評判歷史和當時國內發生的一切，他變得更現實，也更富有批判精神了，這是司馬遷的偉大之處。

天公嫉英才——駱賓王之謎

駱賓王（約六四〇～？），唐代文學家。曾任臨海丞，其善詩文辭賦，為「初唐四傑」之一。後隨徐敬業起兵反對武則天，兵敗後下落不明，一說被殺，一說出家為僧，尚無定論。著有《駱賓王文集》。

在初唐詩壇上，駱賓王不僅是一位才思敏捷的詩人，而且是一位積極參與政治的變革家。寫出了萬古流傳的《討武曌檄》。一千多年來，人們對於他的詩文都賦予了很高的評價，但對他的死，卻各持己見，成爲歷史的疑案。

駱賓王是歷史上的一個傳奇人物。早年，他憑藉他的詩才成爲著名的「初唐四傑」（王勃、楊炯、盧照鄰、駱賓王）之一。但他一生曲折多變，屢屢被冤枉入獄，晚年參加徐敬業領導的反對武則天的戰爭。聞一多先生如此評論，「這『一抔之土未乾，六尺之孤安在』，教歷史上惟一的女皇帝聞風喪膽的大丈夫，天生一副俠骨，喜歡仗義執言，打抱不平，殺人報仇，革命，幫癡心女子打負心漢，都是他幹的。」

駱賓王青少年時代是歷史上的「貞觀之治」時期。他一直無法忘懷初唐時代的盛世，又形成了他放蕩的性格。他生性耿直，雖是「席門賤品，蓬牖輕生」，但卻能一直堅持己見，不肯屈服於權貴。

唐高宗儀鳳三年（六七八年），他上書議論政事，令武則天發怒，被冤枉入獄。他的《西獄聽蟬》，就是獄中因蟬而詩興大發，又借蟬以做自比。

這首詩飽含冤枉之意，盼望得到自由。他於第二年秋天，平反昭雪，獲得自由。不久，又跟隨禮部尚書裴行儉從軍定襄（今山西西北部）。調露二年，他莫名其妙地被派到臨海縣當縣丞。他到臨海縣不久，辭掉官職離開了。

八六四年初，駱賓王沒有在長安獲得官職，旋赴南方。同年七月，徐敬業在揚州起兵批評武則天篡奪李氏政權。這時駱賓王在揚州，被徐敬業任爲「藝文令」，主要負責掌管軍中文書。這時，他寫出了慷慨激昂的《討武曌檄》。

十月，徐敬業兵敗。此後，駱賓王等人是被殺、自殺還是潛逃，歷來爭論不休。

《舊唐書》中傳說他後來被殺死。認爲駱賓王死於唐王朝之手。此說雖沒有明確說駱賓王於何時何地被殺，但說明他是被唐王朝殺的，此說比較有根據。他的《討武曌檄》，一時名傳天下，鼓動世人。武則天讀到「一抔之土未乾，六尺之孤安在」時，驚詫不已，打聽是誰寫的。當她得知爲駱賓王所做時，說道：「宰相安得失此人！」這說明檄文觸怒了武則天，動搖了武則天的皇位，武則天一定會殺掉駱賓王的！

還有人說駱賓王死於叛將之手。《新唐書・李勣傳》附《徐敬業傳》載：徐敬業與部將王那相等失敗後逃亡到海邊，王那相叛變，殺死徐敬業、駱賓王等廿五人，將他們的頭送到洛陽。駱賓王被叛將殺害，也不是沒有可能的。

但也有人認爲駱賓王「與敬業興兵揚州，大敗，投江而死」（《朝野僉載》卷一）。此說不認爲駱賓王是他殺，認爲他是自殺的。這種說法可能性不大。宋之問比駱賓王只小十幾歲，在武則天的皇宮裏充當宮廷詩人，在他的《祭杜學士審言文》中云：「駱則不能保族而全軀。」故駱賓王更可能是別人殺死的。

駱賓王是死是活，以上諸說共同之處在於，就是駱賓王兵敗之後，不論是他殺還是自殺，但可以肯定是死了。但有人認爲，駱賓王與「敬業兵敗之後，不知去向」。此說在歷史中找不到證據，也於情理不符。試想，駱賓王兵敗逃至海邊，如何能夠逃出叛將的突然襲擊、唐軍的圍堵呢？

「薄情郎君」陳世美之謎

陳世美，生卒不詳，直隸（今河北）人，清順治狀元，曾任職於朝廷。其學識廣博，不畏權貴，清廉為官，政績卓著。在京劇《鍘美案》中，陳世美被描繪成了宋代的一位貪圖富貴、忘恩負義的薄情郎，與史實不符。

在京劇《鍘美案》中，陳世美被塑造成喜新厭舊、忘恩負義的形象。他殺妻滅子的行徑令人髮指，正直之士無不對秦香蓮母子悲慘的命運給予深深的同情。由於這個流傳甚廣的劇碼，陳世美成了人人切齒的薄情郎君。那麼，歷史上真有陳世美這個人嗎？他是不是像劇中所描寫的那樣卑鄙狠毒呢？

讓我們先來瞭解一下傳統戲曲裏的說法。《鍘美案》劇情是這樣的：

宋仁宗甲子年，東京汴梁開科取士，湖廣荊州寒儒陳世美得到岳父的資助，進京趕考。其妻秦香蓮帶兒子春哥和女兒冬妹村頭相送，陳世美信誓旦旦地對妻子說，如果這次能夠金榜題名，自己一定將妻兒接去共用榮華富貴，決不負心。秦香蓮對丈夫說，你放心趕考去吧，家裏的一切都別惦記，自己在家會好好侍奉雙親，如果夫君考中，不要忘記家中老小。

陳世美進京後，果然高中狀元。太后對他大爲讚賞，有意招其爲駙馬。陳世美心中頗爲矛盾，如果做了駙馬，自己的妻兒怎麼辦？如果據實告訴太后，那麼自己躋身權貴的大好機會就白白丟棄了。陳世美考慮再三，決定抓住這次難得的機會，讓自己也高貴一把。就這樣做了三年的駙馬，可憐家中一直得不到陳世美的音信，老人盼子不歸，憂慮過度，先後病逝。秦香蓮埋葬了公婆，攜帶子女，歷盡艱辛，進了東京。這時才知丈夫已被招爲駙馬，不禁異常氣憤，在門官劉廷的幫助下，她帶孩子闖進了駙馬府裏。不料陳世美竟翻臉不認妻子兒女，遂命僕人將香蓮母子趕出府外。

這時，適逢丞相王齡下朝，秦香蓮攔轎喊冤，王丞相很同情她的遭遇。決定借次日壽宴之機，使陳世美認下前妻。壽堂上，秦香蓮改扮賣唱女子傾訴了自己的一腔苦水，當即遭到陳世美的厲聲斥罵。秦香蓮見他如此絕情，遂當眾抖出陳世美的老底，弄得不歡而散。王丞相見此事難以彌合，便讓秦香蓮去開封府讓包拯處理這樁棘手的事情。

陳世美被秦香蓮數落一頓後，不禁惱羞成怒，他擔心倔強的秦香蓮對外公開自己的醜事，萬一讓公主知道了，自己可是吃不了兜著走。氣急敗壞的陳世美當即命家將韓琪追殺香蓮母子，要求鋼刀見血爲證。韓琪追上秦香蓮後，聽罷她的哭訴，不忍加害香蓮母子，但不殺掉又恐陳世美怪罪，無奈自刎而死。秦香蓮撿起這把鋼刀，連同狀紙一起遞上開封府大堂。開封府正堂包拯素以主持正義著稱，他聽了秦香蓮的哭訴，心下有了主意。包拯將陳世美誘來，勸其回心轉意認下香蓮母子，哪知陳駙馬仍然強詞奪理，毫無悔改之意。包拯大怒，當堂就鍘了這位欺君罔上、殺妻滅子的無恥小人。

據有關資料介紹，歷史上實有陳世美其人，但是他並不是寡廉鮮恥之徒，他一直在外為官，政績民聲均有口碑，七十六歲終老京城。陳世美根本沒想到自己被無恥之徒編排成戲曲糟蹋誣陷，使他蒙受了千古的罵名。

清朝順治年間，直隸人陳世美中狀元以後，一位舉子想託陳求官，被婉言謝絕，他便認為陳世美不夠朋友，想罵他一頓出口惡氣。可是想來想去又找不到藉口，便找向一位梨園同鄉去討主意。恰好這人向陳世美借貸不成，內心也含怨憤，二人決定狠狠報復一下陳世美。他們你一言我一句地尋覓台詞，故意把不葬老人，捨棄髮妻，殘害親子，攀附富貴等最令人痛恨的罪名，都加在了陳世美的頭上。

他們挖空心思，窮搜竭掠，最後《秦香蓮》這齣戲終於出爐了。陳世美得知這一情況，有口難辯，也就沒有與那兩個小人計較。誰知這戲越傳越廣，「陳世美」儼然成了貪戀富貴、薄情寡義之徒的代名詞。

一死以報國——史可法之謎

史可法（一六〇一～一六四五），字憲之，河南祥符（今開封）人，崇禎進士。曾任西安府推信、右金都御史，因鎮壓農民起義有功，遷南京部尚書。明滅亡後，其在南京擁立福王為弘光帝，清多爾袞多次致書誘降，其不為所動。清軍南下，揚州城陷後被殺。

清順治二年（一六四五）清軍大舉南下，明督師史可法與軍民固守揚州孤城，陰曆四月二十五日，清兵破城而入，大肆屠殺十天。關於明將史可法的下落，同時代的洪承疇就曾發問：「果死耶？抑未死耶？」此後關於史可法去向的記載，傳說頗多。

有的說，史可法於城破時出城逃生。具體出逃過程又有異辭。一爲縋城出走，《明季南略》中記曰：四月二十五日，清兵詐稱明總兵黃蜚的援兵到，史可法令開西門放行，清兵進城，即攻擊明軍。史可法於城上見此狀況，知無可挽回，即拔劍自刎，左右相救，遂與總兵劉肇基縋城潛去。二是跨騾出城，乾隆《江都志》載揚州故老言，城被破時，史可法「跨白騾出南門」，有人還就此賦詩：「相公誓死猶飲泣，百二十騎城頭立。瞬息城摧鐵騎奔，青騾一去無蹤跡。」

一般認爲，史可法是在揚州之役被俘遇害的。清代官修史籍大多如此記載，《清實錄》云：「攻克揚州城，獲其閣部史可法，斬於軍前。」《明史》說，史可法自刎未遂，被部將擁至小東門，爲清軍抓獲，史可法大呼：「我史督師也。」遂遇難。還有史可法嗣子史德威著《維揚殉節紀略》記述道，揚州城陷時，史可法自刎未遂，爲清軍捕獲。多鐸對史可法「相待如賓，口呼先生」，並勸降說：「爲我收拾江南，當不惜重任也。」

史可法答曰：「我爲天朝重臣，豈肯苟且偷生，做萬世罪人哉！我頭可斷，身不可屈……城亡與亡，我意已決，即劈屍萬段，甘之如飴！」於是被殺。

此外，史可法於四月二十日左右寫過五份遺囑，以及其給母親、夫人的絕筆，其中有「一死以報國家」之語，可見他早就抱定一死之心，說他得以逃生似不可信，且其部將劉肇基在揚州城陷前已中流矢而亡，不可能與史可法一同「縋城潛去」。

有傳說史可法是沉江而死。史可法出城後，騎馬渡河時落水溺死。或說他出東門遇清兵堵截，自覺無望，即赴水自盡。康熙年間，孔尚任《桃花扇》就是這樣描述的。還有說清兵破揚州時，史可法便銷聲匿跡，不知所終。計六奇於順治六年（一六四九）外出，途中坐船遇一嘉興人，自稱是當年揚州抗清失敗後逃出來的，他說城破時，史可法下落不明。

最終，史可法到底有沒有殉明？兩百年過去了，這個問題還是一樁未破的歷史懸案。

迂腐的東郭先生

「中山狼公案」之謎

「東郭先生和狼」，在中國可以說是婦孺皆知的一個故事，是說東郭先生好心救了狼，狼反而背叛了東郭先生，欲將他吃掉，後來在一個老者的幫助下才得以脱困。於是，好心但是迂腐的人被人們稱為東郭先生，而「中山狼」則是忘恩負義者的典型藝術形象。

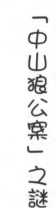

傳奇小說《中山狼傳》是現在所能見到的這個故事的最早的文學形式。因爲它收在明人馬中錫的《東田文集》中，所以一般認爲這個眾所周知的故事是馬中錫創作的，或是對前人作品的改編。

隨後，明代「前七子」中的著名文學家康海和王九思既是同鄉，對戲曲也有相同愛好，他二人均把這個故事題材寫成了戲曲劇本。王九思寫的是個僅有一摺的短劇，劇本名叫《中山狼院本》，並沒有產生多大的影響。而康海是弘治年間狀元，文才出眾，所做的《東郭先生誤救中山狼》雜劇又是大戲，有一定的社會影響。陳繼儒對此曾給予很高的評價說，這個劇本真像救世仙丹，使忘恩負義的人看了會覺得毛骨悚然，戰戰兢兢。

確實，此劇中包含著十分深刻的哲理，直到今天對人們仍有啓發，所以成為今日大部分舞台演出的藍本。

開始把這個劇本和當時的政治鬥爭直接聯繫起來的，是與康海同時代而稍後三十年的何良俊，他明確指出康海筆下的中山狼是影射當時的著名文學家、「前七子」中的首領人物李夢陽。從此開始了持續到今天還在爭論得喋喋不休的「中山狼公案」。

要了解這個「中山狼公案」，我們先來看看當時政治鬥爭的背景。據清代焦循《劇說》卷三的記載，當時權勢傾天、操縱朝政的宦官劉瑾被以謀反的罪名下獄，由此一大批官吏被牽連進去。據何良俊說，當時任戶部郎中的李夢陽曾代韓尙書起草了一個揭發劉瑾等人罪行的奏疏，劉瑾對此深深記恨在心，找了一個藉口把李投入獄中打算處死。後來由於康海到劉瑾那裡說情，使李逃過一劫。

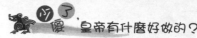

劉瑾垮台後，有人認爲康海是劉瑾一黨，而同時李夢陽對康海的評議也很嚴格苛刻，於是康被罷官，爲了洩忿，他寫了這個劇本。

從有關史料來看，康海確實利用自己和劉瑾的關係，營救過李夢陽，但是後來康被認爲是劉瑾的同黨，遭到彈劾，而李夢陽卻不站出來爲他解脫，也是客觀事實。有些如《康海傳》、《對山康修撰傳》等的記載還說道，劉瑾仰慕康海的才能，想網羅他到自己門下，但是康海並沒有去。據此看來，康海原來是個清高之人，並且對朋友很講義氣。李夢陽出事後，他在獄中用衣襟寫下血書，託人轉給康海，說只有康海才能救他。康海慨然答應，並說道，如果是這樣，就算拚著這官不做了，我也要救你。於是他與劉瑾應酬周旋，最後救出了李夢陽。

《劇說》中的康海被描畫成一個為了救友人而忍辱屈節，甚至不惜犧牲人格的大義士；也更反襯出李夢陽在康海落難時不僅不救康海，反而在給康海定案時議論嚴苛，自然他就是「中山狼」無疑。

清代，有人對這宗公案開始產生了懷疑。朱彝尊通過研究二人的詩文著作，發現事實並非如此。他認為康海救李夢陽，原本就沒有期望一定要有回報的，李夢陽就算對康海有所顧忌，也不至於像中山狼那樣忘恩負義。《四庫全書總目提要》中也認為，李夢陽並未對康海「逞兇反噬」，而是有人篡改事實，對康海寫的劇本的附會。不過，他們依舊認為從馬中錫的傳奇小說開始，「中山狼」的形象是影射李夢陽的，只是遭到他反咬一口的東郭先生不是指康海，而是另有所指。雖然朱彝尊還說出了這個人的姓名，但是他的觀點證據不足，後人並不接受他的看法。

時間到了近代，仍然有兩種完全相對的觀點。如戲曲史家嚴敦易在《元明清戲曲論集》中就持有傳統的說法，認為康海創作雜劇《東郭先生誤救中山狼》，就是為了譏刺李夢陽，以宣洩自己的憤懣，而並不是附會事實。傅惜華在《明代雜劇全目》提出類似觀點，指出人們所議論的

《中山狼》一劇，就是為了譏諷李夢陽忘恩負義的行為而寫的。

另一種新的觀點，則是在朱彝尊等前人研究的基礎上進一步探求史料獲得的。如蔣星煜據《明實錄》、《李夢陽墓誌銘》等，認為康海的人格也不是非常的高潔，他與劉瑾的關係本來就非同一般，並不是為了救李夢陽而忍辱負重地與劉周旋。而且使李夢陽獲得赦免，也不是康海一人的功勞。辛雨也通過查證史料指出，從劉瑾被捕到劉瑾一黨的垮台，前後僅僅四五天時間，政局變換急轉直下，等到李夢陽再次被起用到達京城時，大局已定，康海早已被罷官。李夢陽既不可能參與對康海定案的議論，而且不久後他自己也遭到排擠，即使想為康海翻案，也無能為力。

上述考證都是比較有說服力的。當然，在持類似觀點的學者之間，對一些具體資料的認識也不是完全一致的，但共同的觀點則是認為，應該給李夢陽徹底平反，「中山狼」的影射是另有其人，還李夢陽一個清白。

雖然這一宗糾纏了將近五個世紀的公案和《中山狼》這個戲本身的客觀價值不完全等同，但也不是毫無瓜葛的。搞清楚劇本中的「中山狼」有無影射？如果有，影射的是誰？被譽為「真狀元」的康海究竟是怎樣一個人？等等問題，對於我們加深雜劇劇本的認識，是有所裨益的。

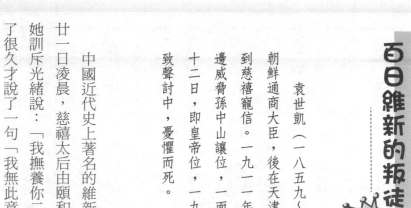

百日維新的叛徒

袁世凱之謎

袁世凱（一八五九～一九一六），字慰亭，河南項城人，北洋軍閥首領。早年任駐朝鮮通商大臣，後在天津訓練「新建陸軍」。一八九八年戊戌變法時，出賣維新派，得到慈禧寵信。一九一一年辛亥革命時，任內閣總理大臣，並出兵向革命黨要挾議和，一邊威脅孫中山讓位，一面逼清帝退位，竊取中華民國臨時大總統位。一九一五年十二月十二日，即皇帝位，一九一六年三月廿二日被迫取消帝制，同年六月，在全國民眾的一致聲討中，憂懼而死。

中國近代史上著名的維新運動，終結於戊戌政變。這次事變的情形如何呢？一八九八年九月廿一日凌晨，慈禧太后由頤和園進入西直門，到了光緒帝居住的大內養心殿，拿走了一切文件。她訓斥光緒說：「我撫養你二十餘年，乃聽小人之言謀我乎？」光緒驚恐不已，不能發一言，過了很久才說了一句「我無此意」。慈禧唾棄地說：「癡兒，今日無我，明日安有汝乎？」慈禧當即傳旨說，因為皇帝生病不能辦事，由她「臨朝訓政」。

從此，年輕的光緒皇帝就在四面環水的南海瀛台涵元殿孤島上，度過了他一生中的最後九年，這裡甚至有慈禧專門派來的太監把守。「他所興革之事被全部推翻。」

這場政變發生的直接原因是什麼呢？由於這是一次宮廷政變，內幕鮮為人知。政變的真實情況，即使是當事人也由於種種考慮而難以描述。對於這次政變，史學界有一個比較流行的說法：政變這一年的八月初三（九月十八日），譚嗣同夜訪袁世凱，勸說他起兵勤王，袁世凱假裝答允了譚提出的圍攻頤和園、劫持皇太后和殺死直隸總督榮祿等事。八月初五，袁世凱回到天津後立即向榮祿告密。榮祿連夜進京，向慈禧報告了這些情況。八月初六，慈禧就從頤和園回宮，發動了政變。

費行簡撰寫的《慈禧傳信錄》中這樣繪聲繪色地描述：

八月初五日，袁世凱在天津向榮祿告密，「祿感極，即囑世凱守津，而自乘火車微服入京，奔頤和園告變。時已午夜，祿扣園門，門者初不納，繼有侍衛出，知為祿，始導入。及后宮，捶戶呼內侍，群閹驚起，以為火也。迨出見祿微服，益詫，詰其何來，祿對有急事，須進見。時后已寢，聞報，召祿入內室，卒問曰：『豈康有為等謀變耶？』祿對后誠告，因袁世凱告密語，后大震怒，連呼小子負心，立命駕還宮，而令榮祿馳赴宋董諸軍，諭其防變。」

據史籍記載，慈禧回到皇宮的時候，正趕上光緒帝準備去頤和園向她請安。他出去迎駕，惶恐不知所措，隨之而來的自然是自己的被罷黜。

除此之外，外國人也記載了袁世凱告密的情形。

八月十四日，清廷公布了「康有爲及其黨羽『謀圖頤和園』的罪狀」，當天日本駐天津領事就給日本外相發了一個電報：「我從可靠方面獲悉，中國皇帝突然被迫下野及懲辦康黨，主要是因爲皇帝在九月十九日（陰曆八月初四）接見袁世凱時，密令他從小站派四千名兵士到皇宮擔任皇帝的禁衛軍。在袁世凱回小站的第二天，太后立即重新執政。」（轉引自《大陸雜誌》第三十八卷第九期），英國商人辦的《申報》，是首次報導袁世凱告密事件的報紙。八月二十三日《申報》報導：「先是，本月初四日候補侍郎袁慰帥晉京陛見，康有爲等曾奏請飭調新建陸軍三千人，入京圍頤和園，爲天下倡，幸皇上天直聰明，未爲所惑，而慰帥微有所聞，即於初五日陛辭出京，密告榮中堂，電奏皇太后，宮寢得免震動。」

但是有人認爲上面的說法純係捕風捉影。首先，慈禧太后已於八月初四起從頤和園回宮，住在中南海，那麼八月初五榮祿夜奔頤和園告變之事自然是子虛烏有了。

第二，當事人袁世凱否認自己告密。據袁世凱《戊戌日記》記載，他於八月初五日回天津，拜謁直隸總督榮祿，「略述內情，並稱皇上聖孝，實無他意，但有群小結黨煽惑，謀危宗社，罪實在下」，所以「必須保全皇上」。因爲葉祖洼等人入座，於是相約第二天詳談。

第二天一早，袁世凱將詳細情況告訴了榮祿，榮祿大呼冤枉：「榮某若有絲毫犯上之心，天必誅我！」袁世凱說：「此事與皇上毫無干涉，如果及皇上，我惟有仰藥而死耳！」兩人商量很久，也沒有想出妥當的辦法。

當晚，他們就收到了訓政的來電，政變「業已自內先發矣」。這些記載說明，政變發生於袁氏告密的情報送到慈禧手中前。過去很少有人相信袁世凱日記中的這段話，因為日記是政變後第八天追記的，而且直到一九二六年才發表於《申報》，這個時候，袁世凱作為世人唾罵的「竊國大盜」已經死了十年了，還有誰會相信他本人的表白呢？但如果不因人廢言，那麼應該承認這段記載的合理性。很多學者的著作都支持這一看法，如蘇繼祖《清廷戊戌朝變記》、丁文江、趙豐田《梁任公先生年譜長編》和學者黃彰健的《論戊戌政變的爆發非由袁世凱告密》等。

第三，八月初六頒布的訓政詔書中並沒有下令捉拿譚嗣同，只是命令捉拿康有為和無關重要的康廣仁兄弟。試想，如果清廷已得袁世凱密報，那麼必然會捉拿「謀亂要犯」譚嗣同，因為正是譚嗣同去策動袁世凱「錮后殺祿」的。這一事實證明了政變的發生並不是由於袁世凱的告密。

第四，外國人的記載並不十分可靠，比如，文章開頭所引的這一年九月二十九日，日本駐天津領事拍發電報給外務相，「皇帝在九月十九日接見袁世凱時，密令他從小站派四千名兵士到皇宮擔任皇帝的禁衛軍。在袁世凱回小站的第二天，袁向后黨分子直隸總督告密了，直隸總督立刻電奏慈禧太后，太后立即重新執政。」這條史料認為，袁世凱告密後，榮祿是電奏慈禧太后，而不是闖宮告變的。其實這是外國人根據自己的習慣所做的推測，它不符合清廷當時的實際情況。

當時慈禧並沒有自己專用的電台，往來的電報要經過「京局」。榮祿如果發電報的話，難保不洩露給光緒，所以榮祿是絕對不敢電奏的。按照當事人筆記、報紙的記載，在戊戌政變之前，慈禧太后與榮祿之間是由大臣、宗室往來傳遞消息的。

因此，戊戌政變的「告密」之辯，目前還沒有一個確定的結論。袁世凱雖然壞事做了不少，可是要把一切罪過都扣在他一個人身上，還要有一番依據才行。

袁世凱的專屬錢幣

民國初年的幣制十分混亂，每個省分有不同的貨幣，其中最特別的是袁世凱的「帝國紀念幣」。其中一面為袁世凱肖像，另一面則為龍形圖案。因袁受過西方教育，所以不用盤龍圖騰，而在龍身上加了翅膀，龍頭朝向西方，似乎暗指「飛往西方極樂世界」，故有人認為袁氏稱帝僅維持八十幾天，已從此即埋下不祥預兆。

查無實證的計劃

康有為之謎

康有為（一八五八～一九二七），字廣廈，近代改良派領袖，廣東南海人。出身官僚地主之家，光緒進士，授工部主事。一八九八年依靠光緒發動變法維新運動，失敗後逃亡出國。一九一七年參與張勳復辟活動，亦告失敗。其一生著作頗多，有《新學偽經考》、《孔子改制考》、《大同書》、《中庸汪》等。

一八九五年四月，日本逼簽《馬關條約》的消息傳到北京，康有爲發動在北京應試的一千三百多名舉人聯名上書光緒皇帝，痛陳民族危亡的嚴峻形勢，提出拒和、遷都、練兵、變法的主張。「公車上書」揭開了維新變法的序幕。在維新人士和帝黨官員的積極推動下，一八九八年六月十一日，光緒皇帝頒布「明定國是」詔書，宣布變法。新政從此日開始，到九月廿一日慈禧太后發動政變爲止，歷時一百零三天，史稱「百日維新」。

新政措施雖未觸及封建統治的基礎，但是，這些措施代表了新興資產階級的利益，爲封建頑固勢力所不容。清政府中的一些權貴顯宦、守舊官僚對新政措施陽奉陰違，托辭抗命。慈禧太后在光緒皇帝宣布變法的第五天，就迫使光緒連下三諭，控制了人事任免和京津地區的軍政大權，準備發動政變。

一八九八年九月廿一日凌晨，慈禧太后突然從頤和園趕回紫禁城，直入光緒皇帝寢宮，將光緒皇帝囚禁於中南海瀛台，然後發布訓政詔書，再次臨朝「訓政」。戊戌政變後，慈禧太后下令捕殺在逃的康有爲、梁啓超；逮捕譚嗣同、楊深秀、林旭、楊銳、劉光第、康廣仁、徐致靖、張蔭桓等人。九月廿八日，在北京菜市口將譚嗣同等六人殺害；徐致靖處以永遠監禁；張蔭桓被遣戍新疆。所有新政措施，除了七月開辦的京師大學堂外，全部都被廢止。從六月十一日至九月廿一日，進行了一百零三天的變法維新，以戊戌政變宣告失敗。

在政變的過程中，康有爲究竟有沒有圖謀頤和園、劫制甚至殺死慈禧太后的計劃，至今未有定論。

康有爲本人否認曾圖謀頤和園、捕慈禧太后。他在《上攝政王書》中說：「戊戌春夏之交，先帝發憤於中國之積弱，強鄰之侵凌，毅然維新變法以易天下。其時慈宮意旨所在，雖非外廷所能窺伺，就令兩宮政見小有異同，而慈孝感召之誠，終未嘗因此而稍殺。自逆臣世凱無端造出謀圍頤和園一語。陽行離間，遂使兩宮之間常有介介，而後此事變遂日出而不窮，先帝所以備歷艱險以迄今日，實惟此之故。」這裡，康有爲指明是袁世凱捏造了維新人士謀圍頤和園的情報，清廷聽信其虛報，引發種種事變。

金梁先生曾經把「以兵圍頤和園」的事情，當面問康有爲。康有爲怫然說道：「怎麼會有這種事情？我朝以孝治天下，小臣面對，誰敢妄言？這都是榮祿、袁世凱等輩不學無術，藉危辭以邀權勢罷了！」

然而有不少資料都顯示，康有爲等確曾圖謀圍頤和園、捕慈禧太后。戊戌政變時，清廷就以康有爲犯有「謀圍頤和園，劫制皇太后」之罪，通緝追捕他。袁世凱《戊戌日記》說，維新志士譚嗣同在政變發生前夜訪袁世凱，要袁世凱派兵圍頤和園，並有「不除此老朽，國不得保」等語。

梁啓超《戊戌政變記》中敘述譚嗣同夜訪袁世凱詳情，當時譚嗣同說：「榮祿密謀，全在天津閱兵之舉，足下及董、聶三軍，皆受榮祿所節制，將挾兵力以行大事。……若變起，足下以一軍敵彼二軍，保護聖主，復大權，清君側，肅宮廷，指揮若定，不世之業也。」顯然，康有爲等維新派，確曾希望利用袁世凱的軍事力量，武力制服慈禧爲首的頑固勢力。

康有爲的密友王照逃亡日本後，與犬養毅的筆談中說：「圍禁慈禧之謀，蓄之已久，南海（即康有為）因言用兵奪權之計，余已再三面駁，故又令他人言之，以全顏面，然深信此諍友必不洩也。」康有爲還要王照遊說聶士成，率軍保護光緒帝。

譚嗣同好友、湖南會黨首領畢永年所寫日記《詭謀直紀》，也證實康有爲確有「圍園殺后」

密謀。畢永年的日記裡有這麼一段記錄，康有爲曾召畢永年到自己的房間，告訴他說：「汝知今日之危急乎？太后欲於九月天津大閱時弒皇上，將奈之何？吾欲效唐朝張柬之廢武后之舉，然天子手無寸兵，殊難舉事。」又說：「吾已奏請皇上，召袁世凱入。吾欲令汝往袁幕中爲參謀，以監督之何如？」畢永年認爲袁世凱若有異志，以其一人之力無法駕馭袁。康有爲又曰：「或以百人交汝率之，何如？至袁統兵圍頤和園時，汝則率百人奉詔往執西后而廢之可也。」後又有人告訴畢永年：「頃梁君謂我云，先生（指康有為）之意，其奏聞皇上時，只言廢之，且俟往頤和園時，執而殺之可也。未知畢君肯任此事乎？」

還有資料說，康有爲計劃在袁世凱圍頤和園時，另派人捕殺慈禧。英國傳教士李提摩太是康有爲替光緒聘請的新政顧問，康有爲、梁啓超、譚嗣同曾分別與之商討保護光緒帝的辦法，故李提摩太應是當時維新派謀劃的知情者。

他在《留華四十五年記》中說：

「（慈禧）下諭秋天要在天津閱兵，皇帝恐怕在檢閱的藉口之下，慈禧將要奪取所有權柄，而把他放在一邊。維新黨催著他要先發制人，把她監禁在頤和園，這樣才可以制止反對派對於維新的一切障礙。皇帝即根據此點召見榮祿部下的將領袁世凱，計劃在他的支持下，帶兵至京看守她住的宮殿。」還說：「維新黨都同意要終止反動派的阻力，唯一的辦法就是把慈禧關閉起來。」

康有爲到死也沒有承認他曾經密謀圍攻頤和園，戊戌政變以後，除了康有爲和梁啓超，參加這一密謀的人都死了，由於證據不夠充足，所以這一歷史疑雲目前還不能撥開。

康有為的書法成就

康有為，幼有神童之目，讀書日進，他的書法造詣在歷代名人中也是相當知名的。他崇尚魏碑、北碑的寫法，以為其追求的圭臬。他的書法，初視不甚平正和順，細節處理甚至稍嫌剛糙與悍戾，但其放筆直取，不拘小節，有動少靜，敢作敢為，正似他的為人風格和學術思想。

被冤殺的忠臣
袁崇煥之謎

袁崇煥（一五八四～一六三〇），字元素，廣東人，萬曆進士，明代著名軍事家。天啓二年（一六二二），其自請守遼，屢次擊退後金軍的進攻，天啓六年，被崇禎任為兵部尚書，督師薊遼。後因朝中奸臣當道，崇禎不識其耿耿忠心，反而將其殺害。

明崇禎三年（西元一六三〇年）九月二十六日，袁崇煥被凌遲處死。他是明末主持抗擊後金的一員名將，沉重打擊了野心勃勃的後金政權，成爲明朝最後的一道長城。崇禎二年（西元一六二九年）十二月，皇帝以「議餉」爲名，突然把袁崇煥召入京城，將其秘密逮捕下獄，八個多月後把他送上了刑場凌遲處死。袁崇煥被綁上刑場，劊子手還沒有動手，北京的眾百姓就撲上去搶著咬他的肉，直咬到了內臟。劊子手依照規定，一刀刀的將他身上肌肉割下來。眾百姓圍在旁邊，紛紛叫罵，出錢買他的肉，一錢銀子只能買到一片，買到後咬一口，罵一聲：「漢奸！」崇禎爲何如此憎恨忠心耿耿的袁崇煥，非要讓他慘死爲快？這個歷史疑問一直沒有得到圓滿的答案。

袁崇煥爲人慷慨，富於膽略，喜歡和人談論軍事，遇到年老退伍的軍官士卒，總是向他們請教邊疆上的軍事情況，在年輕時候就有志於去辦理邊疆事務。他少年時便以「豪士」自許，喜歡旅行。他中了舉人後再考進士，多次落第，每次上北京應試，總是乘機遊歷，幾乎踏遍了半個中國。最喜歡和好朋友通宵不睡的談天說地，談話的內容往往涉及兵戈戰陣之事。

袁崇煥中了進士後，到邵武縣（今屬福建省）當了知縣。天啓二年，他到北京來報告職務。他平日是很喜歡高談闊論的，大概在北京和友人談話時，發表了一些對遼東軍事的見解，很是中肯，引起了御史侯恂（才子侯方域的父親）的注意，便向朝廷保荐他有軍事才能，於是獲升爲兵部職方司主事（自正七品的知縣升為正六品的主事）。不做地方官了，被派到中央政府的國防部去辦事。

袁崇煥任兵部主事不久，王化貞大軍在廣寧覆沒，滿朝驚惶失措。清兵勢如破竹，銳不可當，自萬曆四十六年到那時，四年多的時間內，覆沒了明軍數十萬，攻占撫順、開原、鐵嶺、瀋陽、遼陽，直逼山海關。明軍打一仗，敗一仗，山海關是不是守得住，誰都不敢說。山海關一失，清兵就長驅而到北京了。就在這京師中人心惶惶的時候，袁崇煥騎了一匹馬，孤身一人出關去考察。

兵部中忽然不見了袁主事，大家十分驚訝，家人也不知他到了哪裡。不久他回到北京，向上司詳細報告關上形勢，宣稱：「只要給我兵馬糧餉，我一人足可守得住山海關。」

若在平時，袁崇煥的上司多半要斥責他的狂傲，罷他的官，但這時朝廷正在憂急徬徨之際，聽他說得頭頭是道，便升他爲兵備僉事，派他去助守山海關。袁崇煥終於得到了他夢想已久的機會，雄心勃勃地到國防前線去效力。

袁崇煥立即展開備戰工作，很快修起了部分工事，也招募了一批兵士。從一開始治軍，他就表現出了異乎尋常的嚴酷。比如，當他發現缺額虛報的現象後，立即殺了應負責任的幾個軍官，有效地懲治了軍中的腐敗。當時，寧遠一線的指揮官祖大壽缺乏戰略頭腦，對築城禦敵態度遲緩，並對監軍的大學士孫崇宗屢屢頂撞，嚴重遲滯了寧遠守備工事的建設。

天啓三年九月，袁崇煥到達寧遠。袁崇煥到後，當即大張旗鼓、雷厲風行地進行築城，立了規格：城牆高三丈二尺，城雉再高六尺，城牆牆址廣三丈，派祖大壽等督工。袁崇煥與將士同甘共苦，善待百姓，當他們如家人父兄一般，所以築城時人人盡力。次年完工，城高牆厚，成爲關外的重鎮。這座城牆是袁崇煥一生功業的基礎。這座城牆把滿清重兵擋在山海關外達二十一年之久。

正當袁崇煥欲建新功的時候，魏忠賢把孫承宗調走了。魏忠賢喜歡文官武將送他賄賂，越多越好。孫承宗帶兵十多萬，糧餉很多，應當大量扣下來轉奉給他「九千歲」才是，孫承宗不肯這樣辦，魏忠賢自然不喜歡，於是派了個吹牛拍馬的小人高第去代孫承宗做遼東經略。高第一到任，立刻就說關外之地不可守，要撤去關外各城的守禦，將部隊全部撤入山海關。那時清兵又沒有來攻，完全沒有撤兵逃命的必要。大概他是怕一旦來攻，非敗不可，還是先行撤兵比較安全。袁崇煥當然極力反對，對高第說：「兵法有進無退。諸城既已收復，怎可隨便撤退？錦州、右屯衛一動搖，寧前就震驚，山海關也失了保障。這些外衛城池只要派良將定禦，一定不會有危險的。」高第不聽，下令寧遠、前屯衛也撤兵。

後金集團見明軍大舉後撤，看出了明朝的虛實，知道高經略無用，袁崇煥無人支持，於天啓六年正月大舉渡遼河攻寧遠。這緊急關頭，袁崇煥和大將滿桂，副將左輔、朱梅，參將祖大壽、何可綱等，集將士誓死守城。袁崇煥用自己鮮血，寫成文告，讓將士傳閱，更向士卒下拜，激以忠義。全軍上下在他的激勵下，人人熱血沸騰，決心死戰。

清兵都有辮子，在那時，漢人只要聽到「辮子兵」三字，不由自主的就膽戰心驚，直到十餘年後仍是如此。李自成部下都是身經百戰的悍將健卒，席捲而東，攻破北京，在山海關前的一片石和吳三桂部大戰時，絲毫不落下風。但清兵突然出現，李自成軍中響起「辮子兵來了！辮子兵來了！」的驚呼，二十萬大軍就此全軍大潰，一敗塗地。李自成逃出北京，向西急竄，「大順」朝終於覆滅。在那時候，「辮子兵」就是「無敵雄師」的代名詞。袁崇煥並不是比李自成更會打仗，他部下的兵將也並不更為勇猛。但他更加鎮定，更加堅決，他沒有個人的自私欲望，不像李自成那樣想做皇帝。真所謂「無欲則剛」，所以他比李自成更剛強。

袁崇煥取得了寧遠大捷，這是明與後金交兵八年以來取得的首次重大勝利。袁崇煥寧遠大捷，在軍事上並無十分重要的意義，因爲並沒有摧毀清軍的主力，甚至沒有削弱清軍的戰鬥力。然而在政治上，對士氣與民心卻有非常巨大的振奮作用，這使中國軍民知道清軍也不是不會打敗仗的。經此一役之後，本來投降了滿清的許多漢人官吏和士卒又逃回來了。

努爾哈赤是罕有的軍事天才，他死後，繼承人是一個同樣厲害的人物。皇太極的軍事天才雖不及父親，政治才能卻猶有過之。袁崇煥所受到的壓力一點也沒有減輕。趁著努爾哈赤治喪的機會，袁崇煥派人前去吊唁，借以刺探後金的虛實。在這期間，他大膽地向後金提出了議和之事。袁崇煥從實際情況出發主張議和，朝臣都不附和。遼東經略王之臣更爲此一再彈劾袁崇煥，說這種主張就像宋人和金人議和那樣愚蠢自誤。

其實，明朝當時與宋朝的情況大不相同。在南宋時，金兵已占領了中國北方的全部，議和等於是放棄收復失地。但在明朝天啓年間，金人只占領了遼東，遼西的南部在明人手中，暫時議和，影響甚小。對於明朝最重要的是，宋金議和，宋方絕對屈辱，每年片面進貢金帛，並非雙方互贈。宋朝皇帝對金稱臣，然而皇太極卻甘願低於明朝皇帝一級，只要求比明朝的諸臣高一級。可見宋金議和與明金議和兩事，根本不能相提並論。袁崇煥和皇太極信使往來，但因朝中大臣視和議如洪水猛獸，談判全無結果。

滿清久攻寧遠不下，皇太極認定袁崇煥是難以戰勝的一個對手，遂決意用反間計除之。這一招果然很靈，猜疑多忌的崇禎帝當即就對袁崇煥起了戒心。這時，外界也紛紛指責袁崇煥擁兵自重，放縱敵人。大臣們又想起當日他擅自與金議和，一起說他的壞話。這時候，御史曹永祚忽然捉到了奸細劉文瑞等七人，自稱奉袁崇煥之命通敵，送信去給清軍。

崇禎二年十二月一日，袁崇煥被逮下獄，罪名有：謀叛欺君，結奸賣國，斬帥以踐虜約，市米以資盜糧，暗藏夷使等等。認真推敲這些罪名，可以說沒有一項能立住腳的。那麼，崇禎帝爲何要殺這位關乎國家安危的大將呢？讓我們來看看崇禎對袁崇煥的態度是怎麼變化的。

天啓七年八月，明熹宗病死，其弟信王朱由儉登基，這個十七歲的少年皇帝不動聲色地對付魏忠賢，先將他的黨羽慢慢收拾，然後逼得他自殺。這場權力鬥爭處理得十分精彩。第二年四月起，崇禎用袁崇煥爲兵部尚書兼右副都御史，督師薊、遼，兼登、萊及天津等地防務。並授其尚方寶劍，許其便宜行事。

在崇禎第一次見到袁崇煥時，面對生氣勃勃的皇帝，袁崇煥慨然奏道：「所有方略都已寫在奏章裡。臣今受皇上特達之知，請給我放手去幹的權力，預計五年而建部可平，全遼可以恢復。」給事許譽卿就去問袁崇煥，用什麼方略可以在五年之內平遼。袁崇煥道：「我這樣說，是想要寬慰皇上。」許譽卿已服侍崇禎將近一年，明白皇帝的個性，袁崇煥卻是第一次見到皇帝。許譽卿於是提醒他：「皇上是英明得很的，豈可隨便奏對？到五年期滿，那時你還沒有平遼，那怎麼得了？」袁崇煥一聽之下，心中一緊，知道剛才的話說得有些誇張了。他答應崇禎五年之內可以平定滿清、恢復全遼，實在是一時衝動的口不擇言，事實上，那是根本不可能的。袁崇煥和崇禎第一次見面，就犯了一個大錯誤。後世普遍認爲袁崇煥的信口開河爲日後崇禎殺他埋下了一個伏筆。

袁崇煥任職遼東的時候，處理了一件大事，這就是處決鎮守皮島的毛文龍。毛文龍專制一方，軍馬錢糧不肯接受核對，每歲餉銀數十萬，但發給兵士的糧餉每月只有三斗半，侵盜軍糧，在皮島開馬市，擅自與外國貿易。爲了解除毛文龍的虐政，袁崇煥殺了毛文龍。回寧遠後上奏稟報，最後說：「毛文龍是大將，不是臣有權可以擅自誅殺的。臣犯了死罪，謹候皇上懲處。」

崇禎得訊，大吃一驚，但想毛文龍已經死了，目前又正倚賴袁崇煥盡力，只得下旨嘉獎他一番。

對於「殺毛事件」，當時輿論大都同情毛。一般朝臣認爲，毛文龍即使有罪，也只能由皇帝下旨誅殺。皇帝的統治手段，主要只是賞與罰。袁崇煥擅殺大將，是侵犯了君權。崇禎本來就生性狹隘苛刻，這次更是產生了對袁崇煥的不滿，這也許是崇禎殺袁崇煥的另一個原因。

也許，崇禎和袁崇煥兩人的性格，使得這悲劇不可能有別的結局。據分析，朱由儉的個性嚴重分裂，是個極難伺候的主兒，史家評他「焦求於治，刻於理財，渴於用人，驟於行法」，「三翻四覆，夕改朝更」，常因一言不和或偶不順心就洩憤胡亂殺人。崇禎在位十七年，換了五十個大學士（相當於宰相或副宰相），十四個兵部尚書。他殺死或逼得自殺的督師或總督，除袁崇煥外還有十人，殺死巡撫十四人、逼死一人。袁崇煥身繫社稷安危，更是崇禎帝眼盯心想的重要對象。兩人第一次平台相見，袁崇煥提出「五年平遼」的諾言，殺機就已經伏下了。以後他向皇帝請軍餉、主和議、殺毛文龍，悲劇一步步的展開，殺機一層層的加深，到清軍兵臨北京城下而到達高潮。即使沒有皇太極的反間計，袁崇煥恐怕還是會因別的事件、用別的借口來殺了他的。

崇禎爲什麼隔了這麼久才殺他？大概是因爲清兵一直占領著冀東永平等要地，威脅北京，直到六月間才全部退出長城，在此以前，崇禎不敢得罪關遼部隊，要等到京師的安全絕對沒有了問題才動手。在此以前，他不是不忍殺，而是不敢殺。袁崇煥的悲劇是明朝的悲劇，也是在封建集權制度下生活的中國人的集體悲劇。如果袁崇煥所恃的君主不是性格分裂的崇禎，也許滿清永遠也打不進山海關內。

狂放不羈的代價

孔融之謎

孔融（一五三～二〇八），漢末文學家，字文舉，魯國（今山東曲阜）人。曾任北海相、少府、中山大夫職。其文采超凡，文言辭句鋒芒畢露，性情狂放不羈，被列為「建安七子」之一。後因言語嘲譏而觸怒曹操，被殺。有著述，現已散佚。

孔融是孔子的第二十世後代。他生於西元一五三年。他曾出任北海（現時的山東省）太守，所以又名孔北海。他博學多才，廣受尊敬，是建安七子之一。孔融雖然以禮讓聞名，但卻有話直說，就算得罪人也在所不惜。他的敢言以及對漢朝皇帝的效忠，最後使他死在曹操手裏。

曹操殺孔融，根據的「惡狀」，是這樣幾條：

一是孔融在北海郡時，看到天下大亂，招集隊伍，想奪劉家的天下，自做皇帝。這完全是莫須有的。

二是孔融「裏通外國」，對孫權的使者譭謗「朝廷」。這是有可能的。

敬。

三是孔融在朝裏，不守禮節，常常不戴帽子走進宮廷。這也可能是有的，就是對曹操表示不敬。

四是孔融和禰衡互相標榜，禰衡說孔融是「仲尼（孔子）不死」，孔融說禰衡是「顏回（孔子的學生）復生」。這一條也可能是有的。

五是孔融發「不孝」的怪議論，譬如他主張母親和兒子的關係只如瓶子盛物一樣，只要在瓶子內把東西倒了出來，母親和兒子的關係便算完了；又說，假使鬧饑荒的時候，有點食物，給不給父親吃呢？他認爲，倘若父親是不好的，寧可給別人。這些議論，孔融是有的，今天，在我們看來，不能說毫無道理，在當時卻是一種新鮮而大膽的思想，確實是不合儒家的孝道的。但是曹操自己也說過，選拔才俊時，不忠不孝不要緊，只要有點才能就行；何況孔融雖有這些「不孝」的言論，卻無「不孝」的行爲，那麼，爲什麼可以用「不孝」作爲殺他的惡名呢？然而，這是用不著問的，欲加之罪，何患無辭？

孔融被殺的原因，范曄《後漢書．孔融傳》曾對此做過詳細的描述。孔融與曹操交惡，是以曹軍攻克鄴城，曹丕納甄氏開始的。曹操打敗了袁紹父子，曹操的兒子曹丕把袁紹的一個兒媳婦占爲自己的妻子，孔融就寫信給曹操，說古代周武王伐紂，將妲己（紂王的妃子）給了周公（武王的弟弟）了。曹操問他這事的出典，他說，以今例古，大概那時也是這樣的。又如，曹操要禁酒，說酒能亡國，非禁不可，孔融又反對他，說也有以女人亡國的，何以不禁婚姻？

有的歷史學家從政治鬥爭的角度來分析他們之間的恩怨。比如，翦伯贊認爲：「曹操統一中原後，開始向那些不親附自己的士人展開了進攻。」他聲稱要「整齊風俗」，「破浮華交會之徒」，先後殺掉了最狂妄的名士孔融等人。表明曹操企圖進一步突破大族名士勢力的挾制，以樹立專制統治。

孔融因瞧不起曹操，「多侮慢之辭」，於是被曹操以「招合徒眾，欲規不軌」的罪名處死。余冠英在選注《漢魏六朝詩選》時寫道：孔融「性剛直，放言無忌憚」。曹操憎惡他屢次違忤，不受籠絡，不願親附，又怕他名高望重，成爲自己的反對勢力，終於將他殺害。

後來有人認爲，孔融的死源於他和曹操激烈的性格衝突，是他獨立不羈、直言不諱的性格招致了殺身之禍。孔融本來是不願做官的，地方政府多次薦舉他，他都辭謝了。後來不得已，才出去做官。他揭露宦官親族的罪惡，受到當權者的責難，毫不屈服。他對外戚何進的態度，也很倔強，何進甚至想派劍客刺殺他。董卓專權以後，他提了許多反對意見，董卓不願意把他留在朝廷，就派他到黃巾軍勢力最大的北海郡去當長官，鎮壓農民革命運動。

當時兩個勢力最大的軍閥曹操和袁紹相爭，孔融知道這兩個人都企圖篡奪漢朝，他對誰也不依附。他在北海待了六年，經劉備向朝廷推薦，任青州刺史，不久就被袁紹的兒子袁譚所攻擊，自春至夏，戰士只剩下幾百人，敵人逼近，他無力抵抗，但仍然坐在桌邊讀書，談笑自若，城被打破，才逃了出去。後來，曹操挾著漢獻帝遷都許昌，獻帝招孔融到朝廷裏去做官，從此他就在獻帝身邊，發議論，出主意，想保衛漢家朝廷，防止曹操的篡奪。但是他沒有實力，對於曹操，只好用諷刺的手段，揭發其短處，破壞其威信。

孔融說話犀利，對曹操的指責往往一針見血，令曹操非常惱怒。曹操爲了鎮壓異己，主張恢復古代的肉刑，孔融就反對說，古代統治者沒有過失，百姓犯罪，都是自己的錯誤；現在統治者本身無道，所以民心離散，要想用古刑來治服百姓，是辦不到的。從前紂王看到一個早晨赤腳渡水的人，不怕冷，就砍下這人的小腿，想看看有什麼異樣。天下因此就說紂王無道。現在全國九州共有一千八百個行政單位，每個單位的長官就是一個小皇帝，如果每個小皇帝都有權砍掉一個百姓的一條腿，豈不是出了一千八百個紂王了麼？而且受過肉刑的人，身體殘廢，以後沒有希望在社會上做好人，有許多反而冒死去做壞人，所以肉刑是不能使人改惡從善的。

孔融的這些話，是很有道理的，但也包含著對曹操的諷刺，說他無道。諸如此類的事情，使曹操感到孔融總是在反對他。張璠《漢紀》認爲「是時天下草創，曹、袁之權未分，融所建明，不識時務。又天性氣爽，頗推平生之意，狎侮太祖。……太祖外雖寬容，而內不能平」。這裏說的「不識時務」，「天性氣爽」、「狎侮」等，表現了孔融的迂腐、疏狂的性格。而「外雖寬容、而內不能平」，則反映了曹操的心理狀態。

孔融還舉薦一些反對曹操的人到朝廷裏來，計畫擴大反對曹操的勢力。當時有一個很有才華的青年，叫作禰衡，孔融把這人直接推薦給獻帝（不通過丞相曹操）。禰衡到來之後，曹操把他侮辱了一番，禰衡也把曹操當眾大罵一頓，結果是曹操把禰衡趕到劉表那裏去，劉表又把他趕到黃祖那裏去，借黃祖的刀把他殺了。

孔融的名氣早就很大，因此過去何進、董卓都討厭他，但都不敢殺他；曹操本來也不敢殺他，想拉攏他又不成。但是社會上信服孔融的人很多，曹操怕他影響輿論，有礙自己的事業，終於使人告發孔融幾大罪狀，把他殺掉了。

由此可見，孔融與曹操的不大不小的摩擦，那種不分場合的冷嘲熱諷，儘管主觀上不一定都具有政治上的敵意，客觀上卻肯定地只會破壞曹操政令的嚴肅性，損害曹操個人的權威，使其終於忍無可忍。因此孔融的被殺，除了政治因素外，還帶有相當濃厚的性格悲劇色彩。

孔融的天賦異稟

孔融幼年即有謙讓的美名。他四歲時，和哥哥們一起吃梨，挑了一個最小的梨給自己，把大的都留給哥哥們。家人詢問原因，孔融答：「我歲數最小，應該吃最小的梨；把大的給哥哥們，才符合禮數。」這就是有名的「孔融讓梨」的故事。

孔融十歲時，隨父親到京師洛陽。河南尹李膺門禁森嚴，不隨便接見外人。孔融獨自來到李府前，說自己的家庭與李家世代通好，求見李膺。李膺看到這個小孩彬彬有禮、落落大方，就和藹地問道：「孩子，你的長輩是哪一位？」

孔融從容回答：「我的祖先是孔子，您的祖先是老子，兩位先人有師友之誼，咱們孔李兩家豈不是世交好友嗎？」李膺連連誇讚。

恰巧，賓客陳煒也來李府作客，聽了此事，就不屑地說：「小時了了，大未必佳。」孔融反唇相譏道：「想必您小時候一定很聰明吧？」李膺大笑，說：「這麼聰明的孩子，將來肯定能成大器。」

孔融果然不負眾望，在儒學、文學上都有相當的成就。

政見的分歧

康梁反目之謎

梁啓超（一八七三～一九二九），字卓如，號任公，學者，舉人出身。早年曾隨康有為倡導變法維新。失敗後逃亡日本。辛亥革命後，擁護袁世凱，升任袁政府司法總長。再後又與段祺瑞合作，出任財政總長。晚年歷清華講學。

一八九〇年，剛滿十七歲的年輕舉人梁啓超拜師於布衣康有爲門下，並且成爲康最得意之學生，從此以後，他們的命運就交織在了一起。在戊戌變法運動中，師徒奔走南北，鼓吹變法，發表演說，上清帝書，成立學會，創辦報紙，一時名震海內，康梁並稱。梁啓超後來這樣描述他們師從康有爲的學習生活：

「我們開始成爲康先生的學生後，個個天真爛漫，志氣向上，相愛如兄弟，而先生也把我們當自己的兒子一般看待。康先生把他自家的累代藏書都拿出來，建成了圖書館，康先生督導我們自己動手製造琴竽干戚，建成了樂器庫。

每天過了中午時分，先生升坐，講述古今學術源流，每講大約二三個小時，講者忘倦，聽者亦忘倦。我們每聽一課，都一個個歡喜踴躍，自以爲有所創獲。下課後細思細想，先生的話仍使我們回味無窮，歷久而彌永。

天快黑的時候，先生開始召見學生，多數是三四人入室請謁，有時也會獨自召見某個學生，先生始則問答。到了這種廣大而精微的地方，我們這些學生能夠質疑獻難的，便少了，這時先生大樂，益發縱談，我們的收穫也就更加豐富。

然而，每當談及國家大事，民生憔悴，外國侵略，我們都會慷慨激昂，唏噓不已，甚至眼淚鼻涕都流下來了。天下有難，匹夫有責，我們受到老師這樣的教誨，警惕著，憂患著，不敢放縱，時刻鞭策，永遠勉勵。」

可以說，康有爲是梁啓超的啓蒙教誨者，而康有爲的名字及其變法理論廣傳天下，也得益於梁啓超那枝富有感情的筆。在同封建頑固派的鬥爭中，兩人同生死，共命運，師徒可謂珠聯璧合，相得益彰，然而，最後親密師徒卻斷然絕交，公開反目，視若水火。這實在是近代史上令人驚詫的、極富戲劇性的事件。

根據史料記載，晚年的梁啓超很不喜歡別人將他和康有爲並稱「康梁」。康梁反目的內幕究竟是什麼呢？學術界對此有不同的解釋。

有人認爲，康梁的分歧首先是在學術思想上。早在一八九四年，梁在學術方面已與康有分歧，梁自述：「啓超治僞經考，時復不慊於其師之武斷，後遂置不復道，其師好引續書，以神秘性說孔子，啓超亦不謂然。」「啓超自三十以後，已絕口不談『僞經』，亦不甚談『改制』。」梁啓超認爲自己和康有爲的學說是兩派，而不是「康梁」一派。

有人認爲，思想學術上的分歧倒也罷了，政治上的分歧才是他們分道揚鑣的深層原因。戊戌後，梁東渡日本，因與孫中山等往來較多，「乃大爲所動，幾盡棄所學，由是乃高談破壞。」「啓超既日倡革命排滿共和之論，而其師康有爲深不謂然。」從戊戌後至一九〇二年，梁啓超發表了一些在一定程度上背離康有爲改良主義政治路線的文章。

梁啓超和孫中山秘密聯合的事讓康有爲知道了，他馬上發出一封急電，要梁啓超迅速來見，在香港保皇黨的秘密會所裡，康梁二人先檢討漢口起義失敗的事情，但說著說著，話題便轉到君主立憲的道理上來。忽然，康有爲開始責問梁啓超「江之島結義」之事：

「你這是要弟子們『傾向革命』啊！革命，革命，你要革誰的命？革滿清的命，不就是革光緒皇帝的命嗎？你忘了光緒皇帝的救命大恩啦！你居然做出這種忘恩負義的事情！你不記得了嗎？百日維新之時，守舊黨要殺我們，湖南舉人曾廉上書，舉劾我們反滿，大逆不道，應處以極刑，如果不是光緒皇帝全力衛護，我們的腦袋早就給砍了，哪有今日?!戊戌政變後，我把自己的名號改爲『更生』，那生命是我們的皇上給的！當時，你也口口聲聲頌揚皇帝恩德，現在卻要革他的命，你是個什麼東西！」

康有爲越說越生氣，要找棍棒教訓這個不爭氣的弟子，一時沒找到，便順手拿了一個夾著報紙的報夾子，朝著梁啓超便擲過去，口中還大叫著：「你的命是光緒皇帝給你的！」據說，康有爲從不打人，這一次，也無意真打，而且確實沒有擊中梁啓超，但梁啓超卻大驚失色，立刻跪倒，俯首認罪，向康先生宣誓：按照保皇路線前進，決不再動搖。孫中山先生一番苦心，終於沒能把梁啓超拉入革命的懷抱。

辛亥革命後，清朝已經覆亡，但康有爲堅持其「由帝制以先求小康，用帝制宜仍扶清室」主張，他頑強地認爲，君主立憲制最適合中國國情，否則，搞出來一個「共和國」，也肯定是假共和。袁世凱當總統後，多次延請康有爲先生到政府任事，康堅辭不去，但梁啓超則接受了袁世凱的延納。

還有人提出康梁迴異的個人性格也注定了他們的反目。康有爲年長，閱歷豐富，比較老成；梁啓超年輕，閱歷淺，容易激動。特別是康的思想在戊戌之前已自成體系。梁自稱「流質善變」，「不惜以今日之我與昨日之我戰」，因而一變再變，在革命黨和保皇黨兩個陣營中間游移不定。而康卻不變，常言「吾學三十歲已成，此後不復有進，亦不必求進」，是一個鐵了心的保皇黨。康梁的分道揚鑣深深打著時代的印記，有著錯綜複雜的政治原因。康梁從攜手到分裂，也體現了歷史的必然，他們的思想分歧不只是師徒兩人意見的分歧，而且也是改良派內部思想分歧的表現。

焚毀的圓明園

龔橙功過之謎

一八六〇年（清咸豐十年）圓明園被焚毀後，清朝官方所寫的書中對於這一段歷史，大多是隱諱不詳的，所以民間關於這段歷史的各種猜測傳聞開始紛紛流傳開來。

大約在清末民初，是龔橙引導英軍焚燒圓明園的說法，開始在社會上流行。最初引起這一說法的是王闓運（字壬秋，號湘綺）所做的《圓明園》。王闓運自己對這首詞的注解中寫到，在外國侵略者入京闖入皇宮之前，有「貴族竊者」率領一些「奸民」，假借侵略者之名放火焚燒宮廷，等到侵略軍撤走之後在皇宮內大肆劫掠。但是當時詞中又沒有具體解釋這裡所說的「貴族竊者」和「奸民」究竟都是指的什麼人。但是在王闓運死後，劉成禺說，曾經看到寫有「有漢奸銷英翁及匏叟書」的王闓運的殘稿，根據這一點，劉遂寫了《王湘綺筆下兩漢奸》一文（收於劉的《世載堂雜憶》），文中對龔孝拱有所介紹。

龔孝拱字橙，號匏庵，仁和龔自珍子，英人威妥瑪曾經任命他為謀士，在攻天津、廣州常常採用他的計策。龔橙是漢奸的說法從此開始流行，同時也產生了龔橙導引英軍焚燒圓明園的說法。

首先見諸文字的是大鶴山人劉淑同的《同治重修圓明園史料》一書跋文。文中說到，有個叫龔孝拱的漢奸，因爲曾經出國留學，所以爲外國侵略者所用。龔自己非常喜歡收藏金石刻，聽說圓明園多藏三代鼎彝，所以趁著戰亂，帶領外國侵略者進入圓明園，放火燒園並掠奪園中寶物。後來，陳文波在其《圓明園殘毀考》中，根據劉的這一說法和柴小梵《梵天廬叢鈔》中的有關記載，也認定所謂「貴族竊者」就是指龔橙。

蔡申之《圓明園之回憶》中，同樣認定英軍北犯時，就是龔作爲嚮導，告訴他們中國的國粹都在圓明園。隨著時間流逝，這個說法越傳越奇。一九一六年徐珂在其編纂的《清稗類鈔》指出，庚申年，英人從海上進入北京焚圓明園的那場戰役中，龔確實是同往的。而且他一個人率先進入圓明園，掠取大量金石重器，所以被後人所唾罵。不僅筆記雜錄這樣說，而且野史、小說如《清朝野史大觀》、曾朴的《孽海花》等都贊同這個說法。一時，龔橙引導英軍焚燒成了事實確鑿、舉國皆知的定論。

爲什麼會產生龔橙導引英軍焚燒圓明園的傳說呢？我們先來看看龔橙其人的經歷吧。龔橙是清代大學者龔自珍的長子，初名公襄，後來更名爲橙，字昌匏，又字孝拱。早年隨父住在京城，但是參加幾次科舉都不中。中年之後，移居上海，不僅結識了買辦楊坊、曾寄圃等人，並經曾的介紹，做了英國人威妥瑪的幕僚，而且深得威的賞識（有的書還有他是巴夏禮的漢文秘書一說）。但是他晚年頹放，單獨居住並且動輒喜歡謾罵人，所以人們都害怕、討厭他，把他看作一個怪物。由於其行爲怪癖，人們都認爲他無君臣父子夫婦兄弟朋友，但還有一個愛妾，所以得了一個「半倫」的綽號。大概由於這個原因，尤其是他曾輔佐威妥瑪，於是爲眾多愛國人士所不恥，視他爲漢奸，並認爲是他導引英軍焚燒圓明園。

但是也有人爲龔橙喊冤，對這一說法表示懷疑。拙庵在《圓明園余憶》中指出：侵略軍進入圓明園後，先將清朝三代皇帝費盡心機搜羅來的古玩擄掠一空，後來爲毀滅證據，就用火焚燒園子，並以亂兵燒毀爲借口，其實並沒有漢奸導引他們。一九四三年出版的黃浚《花隨人聖盦摭憶》也提出異議，說傳言引導英軍毀圓明園的人有兩個，一個是龔定庵的兒子龔橙，另一個是李某，但是都不能考究證實。

公開爲龔橙辯白的蔡申之在《圓明園回憶》中指出，圓明園的富麗堂皇，恐怕世界上不知道的人很少，並不需要半倫來說，所以傳言認爲龔橙是漢奸，爲了自己漁利，才引導英法兵來劫掠，實在是天大的冤枉。而且，他還提到了另外一個證據，就是歷史上寫的英軍剛進入圓明園時迷失道路一事，他認爲，如果英軍有半倫作爲嚮導，爲什麼會迷路而使得法軍捷足先登，由此從根本上否認龔橙有導夷焚園之事。

這一個說法，並非完全沒有道理。據考，當時在京官員的日記，如《翁文恭公日記》、《越縵堂日記》中都見不到有關這方面的記載。還有就是在奕訢、僧格林沁、瑞常等留京王公大臣給咸豐帝的奏摺中也從未提到此事。而參加焚園的侵略者回憶錄裡關於這方面，更是沒有片言隻語。這就使人們不能不懷疑認爲是龔橙導引英軍焚燒了圓明園的說法。在沒有確鑿的證據的情況下，把龔橙視爲罪人顯然不妥。

正義的化身——孫悟空之謎

孫悟空是中國古代小說中被神化的人物。作為唐三藏西天取經的一員，其嫉惡如仇，揚善除暴，性格鮮明，一路保護師父西天取經成功。數百年來深受廣大民眾喜愛。

《西遊記》是廣爲人知的一部明代神話小說，極富浪漫主義色彩，曾被前人譽爲「第一奇書」。這部書流傳廣泛，尤其是書中的主角美猴王孫悟空更是深深爲大家喜愛。自從書成之日開始，人們就爲這個角色的來源問題爭論不休，近代尤甚。

在上世紀二〇年代時，人們開始從印度古代敘事詩《羅摩衍那》中發現了一些美猴王的端倪。那部詩裏有一個聰明會飛，不怕困難，智勇雙全且樂於助人的「哈奴曼」神猴。有人認爲，這很可能是《西遊記》中孫悟空形象的「一個背影」。

除了這部長詩之外，古代印度傳入中國的佛教書籍裏，還提到了一些印度神話。三國時代從印度譯入了《六度集經》，南北朝期間引入了《出三藏紀要》、《雜寶藏經》，這些佛教書籍說明，在一千多年前的時候，「人王與猴王共戰邪龍」、「猴猿大鬧天宮」等等印度古代神話，已經廣爲流傳於僧俗之間了。

唐朝時，玄奘隻身求法，遠赴天竺，終於取得寶經歸。這件真實的事件，由於充滿了英雄主義氣概和浪漫主義色彩，在民眾中廣爲流傳，口耳相傳之際，逐漸加入了很多神異的內容。到明朝時，終於出了一位集大成者，就是「性敏多慧」的《西遊記》作者「射陽山人」吳承恩。他曾經「博及群書」，而又酷愛「野言稗史」，很自然的應該對《大唐三藏取經詩話》等「俗講」宗教文學以及天竺「神猴法身」的奇聞故事非常瞭解。正如魯迅先生《中國小說史略》所闡明的：「魏晉以來，漸開釋典，天竺故事亦流傳世間，文人喜其穎異，於有意或無意中用之，遂蛻化爲國有……」這便是關於孫悟空是依據哈奴曼而來的猜想。

除此之外，有人認爲中國遠古神話中，已經有了天地間裂石而生人的說法，比如禹的兒子啓。還有其他很多關於異猴的記載。

《國語·魯語》裏提到了「夔一足，越人謂之猱，人面猴身能言」的野人軼事，《吳越春秋》、《搜神記》、唐宋傳奇及後來的話本說唱，都不乏關於猴人、淮渦水神無支祁等白猿成精作怪的種種神異典故。當然，不能因爲這些神話傳說的存在，就完全否定了「引進」哈奴曼的可能。因爲各民族之間的相互影響和交流是不斷變化和發展著的，借鑒比較文學的觀點，孫悟空非但可以「引進」，甚至早就「輸出」了。

據最新的消息報告，人們在非洲西部偏遠的尼日利亞進行考古挖掘時，竟然在深埋於地下三點五米的古代陵墓裏，挖出了一個威風凜凜的「齊天大聖——孫悟空」的雕像。只見他頭戴發光的皇冠，身披金箔製成的戰袍，右腳踏著一塊象徵雲霧的翡翠雕刻。這個碧玉猴王無論從衣飾和神態來看，都酷似我國傳說中的美猴王孫悟空的形象。

面對這樣的情況，人們不能不感到好奇。爲什麼孫悟空會飛到遙遠的非洲西部去了呢？究竟是怎麼流傳過去的？究竟是中國古代文化對世界影響巨大，還是這個「猴子的典型」是中外文化所共有的「綜合」形象呢？喜歡孫悟空的人們，饒有興味地期待著對這個問題的解答。

大器晚成的智者

姜太公之謎

姜太公，生卒不詳，名尚，字子牙。曾在崑崙山師從元始天尊學道，學成後輔佑周室。八十歲時在渭水邊與周文王惺惺相惜，被拜為相，助武王起兵伐紂王，完成了復興周朝的壯舉。其所為所舉，在《封神演義》一書中，已被神化，謂之具有呼風喚雨、撒豆成兵的神力。

姜太公的名號，大家可能都有所耳聞。古典神魔小說《封神演義》中，那個博學多聞，順依天意，輔佐周文王和周武王滅商的姜子牙，定然給讀者留下了深刻的印象。舊時民間稱姜子牙爲姜太公，尊之爲神。許多人家門上貼著寫有「姜太公在此百無禁忌」字樣的紅紙，來保護家人不受妖魔鬼怪的侵害。但是，《封神演義》是一本神魔小說，敘事荒誕，不要求真實性；民間傳說中的姜太公更是把迷信色彩渲染得亦幻亦真。在歷史上是否真有姜太公這個人呢？

有人說，他就是西周的開國功臣太公望。

太公望，姓姜，名尙，字子牙。他的祖先因協助大禹治水有功，受封於呂（今河南南陽市附近）。此後，這一家族就以呂爲氏。古時姓與氏是有區別的，「姓所以別婚姻」，用來表示血統，「氏所以別貴賤」，用來表示身分，「男子稱氏，婦人稱姓」（《通志．氏族略》），所以在先秦兩漢的經傳、史籍、子書和辭賦中，出於對太公望的尊敬，往往依他的「氏」稱他爲呂尙、呂牙、呂望、呂太公，而不是如我們通常按「姓」所稱的姜尙、姜牙、姜望、姜太公。

那麼，真實的太公望是什麼地方人呢？據史書《呂氏春秋．首時》記載，他是「東夷之士也」，又有《史記．齊太公世家》說他是「東海上人」。所謂「東夷」、「東海」，又是指的什麼地方呢？我們知道，古時候，人們稱中原之外的地區爲「蠻夷之地」。特別的，中原以東地區被稱爲「東夷」。所以，所謂的「東夷」、「東海」，指的就是今天的東海之濱，山東一帶的地方。可能呂氏子孫中某個支系，遷徙到東海之濱與夷人雜居，並逐漸發展成爲在當地極有名望的大家族，而太公望以大族長的身分，在這個家族勢力集團中，佔據著領導者的地位。其身分之高，更從《孟子》等書中，將他與諸侯之子伯夷同時並舉而窺見一斑。

關於太公望早期的經歷，連史書中都是眾說紛紜。單單《史記．齊太公世家》就記載著兩種說法：一種說他本來是隱居在海濱的，因爲聽說「西伯（周文王）賢，善養老」，所以前往輔佐，一展抱負。另一種說法，認爲他本是商紂王的謀士，後因不滿於紂王的暴虐，棄他而去。遊說眾多諸侯，皆不得所用，一路西行而歸附周文王，才終得施展。更有《戰國策．秦策五》，說他老來窮愁潦倒，妻離子散。想在都城朝歌（今河南淇縣）賣肉吧，又肉臭了也賣不出去；想在棘津（今河南延津東北）釣魚吧，魚也不上鉤；想編編草席賣吧，也賣不出去。《說苑·雜言》說他「種地所得，不能抵償所下的種子，捕魚所得，不能抵償漁網的價錢」。如此種種的故事，在秦漢時期廣爲流傳。

雖然這些記載多是野史作者的杜撰，未必都是事實。不過，有一點可以肯定，太公望這樣一個「治天下有餘智」的人，在商朝末期卻長期不得志，直到他歸附了周文王，才被委以重任，並最終成爲一個叱吒風雲的歷史人物。

那周文王又是何許人呢？他是周部族的王。周部族以善於經營農業著稱，本是商王朝的臣屬國。商王朝後期，在周文王這位明君的領導下，實力迅速擴展，並逐漸成爲能與商王朝相抗衡的勁旅，雙方頻頻交戰。周文王通過爭取盟國支持，吸引遠方有識之士的輔佐，不斷壯大勢力。他不僅成爲商王朝以西地區的眾多諸侯國和部族的共主，還積極聯絡東方的力量。北海之濱的伯夷和東海之濱的太公望先後前去投效，正是周文王這些政策成功的表現。歷史事實也證明，得到太公望的輔佐，周文王如虎添翼。而太公望也得以大展身手，並最終協助周武王，也就是文王的兒子，滅商立周。

太公望的治國主張可概括爲「修德政以安內，施奇計以謀商」。由於實行了這些主張，周國得以被建設得內政修明，軍民同心同德，一派繁榮景象。雖然與商相對而言是個小國，卻具備了滅商的能力。針對滅商的事業，太公望也想了許多辦法，甚至還曾親自去商王朝的中心地帶充當間諜。

文王晚年滅商的條件已經成熟，武王即位後，繼承其父的遺志，積極完成滅商的事業。他以太公之謀，打著「悉索薄賦，躬擐甲冑，以伐無道，以討無義」（《淮南子．要略》）的旗號以服民心，即位二年後，就第一次東征伐紂。在太公望的指揮下，軍隊順利地渡過黃河，到達孟津（今河南孟津東北），更在途中，得到八百諸侯的加盟。但武王與太公望度時審勢，認爲當時還沒有一舉滅商的把握，決定班師回朝，等待時機。

又過了兩年，太公望看到商王朝「讒慝勝良」、「賢者出走」、「百姓不敢怨誹」，「其亂至矣，不可以加矣」（《呂氏春秋．貴因》），其數以盡，便與武王再次出兵，「遂率兵車三百乘，虎賁（勇士）三千人，甲士四萬五千人，以東伐紂」（《史記．周本紀》），並在一路上會集了許多同盟諸侯和部族。在整個攻伐的過程中，太公望起到了不可替代的作用。

《論衡．卜筮》中記載，出師之後，武王曾進行卜（用龜甲占凶吉）筮（用蓍草占凶吉），得到的結果是「大凶」，太公望扔掉蓍草，踩壞龜甲，說：「枯骨死草，何知而凶！」堅定了武王繼續進軍的決心。

二月甲子那天清晨，周、商兩軍在距離朝歌七十里的牧野（今河南淇縣西南）決戰時，太公望親自率領勇士衝鋒在前。商紂王大軍正在平息東夷的叛亂，來不及調回，只得臨時把奴隸和戰俘武裝起來開赴前線。武王「以虎賁戎車馳商師，商師大崩」（見《逸周書・克殷》）。商軍的大批奴隸兵陣前倒戈，投向武王。周軍乘勝進佔商朝的都城——朝歌，紂王自焚而死。我國歷史上一個新的朝代——西周，自此誕生了。

滅商以後，太公望作爲開國功臣，被武王分封於齊地，建都營丘（今山東淄博市臨淄北），封地面積很大。後來周武王東征，平定殷人的殘餘勢力擁護商紂之子武庚的叛亂，太公望作爲王室外藩積極參與平定叛亂的軍事行動，並在戰爭中，吞併了一些與商王朝有較深關係的國族，進一步擴大了齊國的地盤。

對其封地的內政，太公望因地制宜，根據齊地濱海的特性，發展漁業和鹽業。又大力提倡手工業和商業。在他的勉勵宣導之下，齊國的紡織、刺繡、編織、縫紉等女工製品「極技巧」，行銷天下。他還簡化禮儀制度，尊重當地居民舊有的風俗。齊國迅速富強起來，「人民多歸齊，齊爲大國」（見《齊太公世家》）。因爲太公望奠定了堅實的基礎，齊國在西周時期、國力一直很強盛。到了春秋時期，齊國首先稱霸，並成爲戰國「七雄」之一。

關於姜太公的壽命，這又是一個謎題。據古本《竹書紀年》記載，太公望死於周康王六年。可《荀子・君道》說他七十二歲「始遇文王」，漢代更有「呂望九十爲文王作師」的說法。如此算來，那麼他去世時至少也有一百二十歲，這就當時的醫療條件來說不大可能。而且牧野之戰中，他親自衝鋒挑戰一事也不像是個百歲老人所爲。戰國以後的著作爲何要誇大太公望的年齡，我們不得而知，但「呂望使老者奮」（《淮南子‧說林》），這卻成了有志者不嫌年高，大器晚成的美談。

真降還是詐降——石達開之謎

石達開（一八三一～一八六三），廣西貴縣人。自幼曾讀書，家中殷實。道光二十九年（一八四九）入拜上帝會，並於次年同洪秀全在金田起事，封翼王，五千歲。在太平天國的諸次戰役中有卓越功勛。在楊秀清被殺後，其被洪秀全委以政務大權。咸豐七年，因遭洪秀全猜忌而負氣出走，轉戰於西北一帶。同治二年三月，被清軍圍於大渡河邊，被殺。

太平天國分裂後，帶軍西進的翼王石達開兵敗大渡河畔。一八六三年五月，他在大渡河南岸的紫打地「釋兵表降」。當時究竟是怎麼一回事？他是真的想投降呢，還是僅僅是一種策略呢？一百餘年來，人們議論紛紛，莫衷一是。

有人認爲他是真心想投降，這裡又分兩種情況。一種認爲他是貪生怕死，另一種認爲他是爲了救太平軍餘部。

根據清朝書吏筆錄的石達開口供記載：「達開正欲投河自盡，因想真心投誠，或可僥倖免死。達開想救眾人，俱令棄械投誠。」這就被前者認為是石達開降清的鐵證。四川總督駱秉章在殺害石達開後給清廷的奏報中也提到，清軍參將楊應剛奉命在位於洗馬姑清朝軍營豎立「投誠免死」的大旗，石達開見到以後，帶著五歲的小兒子和宰輔曾仕和、中丞黃再忠、恩丞相韋普成到洗馬姑乞靖投降。

但是具體分析石達開當時的情況，很多人認為他是為了部屬才投降的。當時情況非常不利，石達開前阻大渡河，左阻松林河，右阻老鴉漩河，被迫困守於大渡河南岸的紫打地。由於地形的限制，在一個多月中，石達開頑強地左衝右突，但是仍然沒有辦法渡過大渡河、松林河。軍糧漸漸枯竭，太平軍部眾起先是殺馬吃，然後摘桑椹充飢，最後竟到了相殺噬人肉的境地。

在這樣的凶險形勢下，石達開寫詩道：「大軍乏食乞誰羅，縱死涐江定不降。」他激勵眾將士說：「今不幸受土司誑騙，陷入絕地，重煩諸君血戰出險，毋徒束手受縛為天下笑。」很多人從這樣的言辭判定石達開不會真心投降的。在走投無路的情況下，石達開表示願「捨命以全三軍」。這樣的舉動，才是符合他「義王」風格的。他給四川總督駱秉章的信中說：「死若可以安境全軍，何惜一死？」他要求駱秉章「宥我將士，赦免殺戮」，「則達開願一人而自刎，全三軍以投安」。在進退維谷的情況下，石達開願意以自己的身死換來部屬的安全，人們評論說他「其心可佩，其志可嘉，其情可憫，其果可悲」。

除此之外，還有說石達開是被誘降的。駱秉章派參將楊應剛勸石達開解甲歸田，其商善後。石達開輕騎前往，而楊應剛卻在涼橋設了埋伏，石達開就被擒獲了。《唐公年譜》中提到誘降的主意出自唐友耕，「唐提督商令漢土各營設計誘降，遂生擒石逆」；光緒《越廳全志》卷六中的記載卻說誘降的主意出自越嶲廳同知周歧源，說周歧源向王松林授以密計，王松林與楊應剛兩人對著石達開指天發誓，許諾「待以不死」，「石達開信之，與之訂盟」。

除了誘降的說法，還有說是石達開自己詐降的。一九四五年九月，《新中華雜誌》復刊第三卷第九期發表了《翼王石達開濺江被困死難紀實》，根據這分資料，不少學者認為石達開是詐降。當時石達開被困於老鴉漩河，手下有兩種意見。軍師曹偉人主張背水一戰，不能取勝就赴水而死，決不受刀斧之辱；而宰輔曾仕和則主張到涼橋詐降，然後伺機渡河劫糧，重振軍威。石達開權衡兩種意見後，認可了曾仕和的辦法，命令曹偉人寫詐降書。曹偉人違心從命，授筆成表，當晚夜半時竟投江自盡。第二天，太平軍遭到王應元的圍攻，道窮路絕之時，石達開正欲舉刀自刎之際，王應元停止了進攻，石達開於是「釋兵表降」。

清軍卻早已料到了太平軍有可能詐降。《黎雅紀行記》中記載：「駱公慮其偽降以緩我師，乘懈而逸。」駱秉章為人工於心計，為了防止石達開詐降，特命四川布政使劉蓉親自出場。石達開詐降不成，十分後悔。許亮儒在《翼王石達開濺江被困死難紀實》中寫道：「五月一日，友耕（**指清重慶鎮總兵唐友耕——筆者注**）覆面達開，亦詭擾之。惟達開見所部阻渡，詐降計絀，陰甚悔恨。」這種說法經過羅爾綱的考證，認爲是可信的。

其他史料中也有石達開是詐降的說法。劉蓉的幕僚在《代劉蓉致駱秉章稟稱》中認爲，石達開及其餘部「皆迫於無奈，亦非真有投誠反正之心」。還有史料記載，石達開被押到成都後，見到駱秉章時，只是長揖，並不下拜。駱秉章問他：「你願投降嗎？」石達開回答說：「我來乞死，兼爲士卒請命。」這樣大義凜然的言辭，表示石達開並非真心投降。

但是不管石達開的想法究竟是怎麼樣的，他在清軍面前放棄了抵抗，而清軍卻沒有遵守什麼承諾，將石達開凌遲處死。而太平軍的餘部也遭了暗算。他們的鮮血，染紅了駱秉章頭頂的花翎。

無膽還是有心——曾國藩不稱帝之謎

曾國藩（一八一一～一八七二）是中國近代史上最有影響的人物之一。他從湖南雙峰一個偏僻的小山村，以一個書生入京赴考，廿八歲便考中了進士，從此之後，他一步一階的踏上仕途之路，並成為軍機大臣穆彰阿的得力門生。在京十多年間，他先後任翰林院庶吉士，累遷侍讀、侍講學士、文淵閣直閣士、內閣學士、稽察中書科事務、禮部侍郎及署兵部、工部、刑部、吏部侍郎等職，曾國藩就是沿著這條仕途之道，步步升遷到一品官位。

曾國藩所處的年代，是清王朝由乾嘉盛世走向沒落、衰敗，內憂外患接踵而來，交相煎迫的時代，曾國藩曾因母喪返鄉，卻恰逢太平天國橫掃湖湘大地，清王朝統治岌岌可危，曾國藩因勢在家鄉組建了一支湘軍，爲平定太平天國運動立下汗馬功勞，被清王朝封爲一等勇毅侯，成爲清代以文人而封武侯的第一人，後歷任兩江總督、直隸總督，官至一品，死後被謚「文正」。

曾國藩一生功過，讓人爭論不休。他曾被人推許為孔子、朱子以後，再度復興儒學的先哲；建樹功業、轉移運世的偉人賢者，清朝咸同中興第一名臣。但也有人罵他是民賊、元凶、漢奸、民族罪人、擅權濫殺的「曾剃頭」、好名失德的「偽君子」，可謂毀譽參半。

早在曾國藩鎮壓太平天國時，即有人責其殺人過多，送其綽號「曾剃頭」。到了一八七〇年「天津教案」，不少人罵他是賣國賊，以致曾國藩也覺得「內咎神明，外咎清議」，甚至有四面楚歌之慮。辛亥革命後，一些革命黨人說他「開就地正法之先河」，是遺臭萬年的漢奸，建國後的史學界斥其為封建地主階級的衛道士、地主買辦階級的精神偶像、漢奸、賣國賊、殺人不眨眼的劊子手等等，把他一罵到底。

令後人產生疑問的是：曾國藩平定太平天國運動的過程中，手握重兵，掌握地方大權，有沒有過推翻清王朝並取而代之的想法？他不但自己不做皇帝，還在鎮壓太天天國運動後，主動解散了湘軍，並強迫曾國荃離職回家。

曾國藩為何要這麼做？一般認為有三點理由：一是他根深蒂固的忠君思想使然，他深受晚清理學大師唐鑑的影響，起兵的目的相當明確：一是保衛明教，二是保衛地主階級利益，三是保衛清朝。其個人追求是做一個中興之臣，封侯拜相，光宗耀祖。曾國藩深受中國傳統儒家思想浸淫，他學習孜孜不倦，苦讀日夜不息，尤其在京參加朝考進入庶學館學習後，「日以讀書為業」，勤於求教，不恥下問，博覽歷史，重視理學，還讀了大量的詩詞古文，才華橫溢，滿腹經綸。

由於他博覽群書，涉獵文獻，故在政治上有自己的獨特觀點：如要統治者「內聖外王」，要自如地運用儒法思想治理天下。他推崇程朱理學，曾提出治理天下之辦法，涉及吏治與廉潔，選材與用材，兵力與兵法等。儘管部將王闓運、曾國荃曾屢次勸進，均被他嚴辭拒絕。

二是稱帝條件不具備。南有曾國藩，北有僧格林沁，這兩人被清王朝倚爲肱股之臣。當時科爾沁王僧格林沁最受器重，擁有一支以強大的騎兵爲主的龐大隊伍，不同於八旗兵，戰鬥力很強，而且部署在中原河南腹地，虎視東南，也使曾國藩不能輕舉妄動。

而曾國藩起兵是以保衛明教和忠君保國相號召，一旦稱帝，實屬不忠不義，大逆不道，人心必失。就湘軍內部而言，左宗棠名下者爲楚軍，李鴻章名下者爲淮軍，湘、楚、淮雖有關聯，但湘軍實已分裂。以英國爲首的國際在華勢力已決定扶持清政府。這些因素，曾國藩不會考慮不到，因此，儘管曾國荃等一再勸其取清王朝而代之，曾國藩打定主意不爲所動。

曾國藩是中國傳統文化薰陶出來的「修身、齊家、治國、平天下」的典型知識分子。他認爲「功不必自己出，名不必自己成」「功成身退，愈急愈好」。他認爲古人修身有四端可效：「慎獨則心泰，主敬則身強，求人則人悅，思誠則神欽」。曾國藩不信醫藥，不信僧巫，不信地仙，守篤誠，戒機巧，抱道守真，不慕富貴，「人生有窮達，知命而無憂」。

這些是他成爲清朝中興名臣的思想基礎。曾國藩從外表而言，也是典型的知識分子：「貌之過人者,眼作三角形,常如欲睡,身材僅中人,行步則極厚重,言語遲緩。」

曾國藩沒有稱帝野心,只做中興之臣,客觀上對維護國家統一、抵禦外強侵略起到積極作用。當時,太平天國首都天京被攻陷後,尚有餘部三十萬人活動於各地,北方的東西捻軍方興未艾。國內動亂頻仍,外國列強環伺中華,虎視眈眈,內憂外患之中,如果曾國藩趁機稱帝,戰亂又起,中國統一的前途和命運又會經歷更多磨難,人民更會置身於水深火熱之中。僅從這個意義上講,曾國藩也算是國家民族的有功之臣。

復降與復叛——吳三桂之謎

吳三桂（一六一二～一六七八），字長白，武舉出身，襲軍官。明末任遼東總兵，封平西伯，駐防山海關。李自成滅明朝後，其引清兵入關，並鎮壓陝西、四川等地的農民起義軍，為大清立功累累，受封平西王。康熙十二年，其舉兵叛清，自稱周王，五年後稱帝，不久病死，其兵帥亦被清兵剿盡。

長城的第一關是山海關，在秦皇島市東北十五公里，處於渤海灣盡頭。明洪武十四年（一三八一）魏國公徐達在此創建關城，設立衛所，因關城處於山海之間，始名山海關。這裡是華北和東北之間的咽喉要衝，地勢險要，歷來爲兵家必爭之地。

山海關城是四方形，有四座關門。東城門就是「天下第一關」。關口是一座十二米的長方形城台，東西向，東邊即關外，西邊爲關內。南北連接長城。城台中間有一座巨大的磚砌拱門，有關門可以開關。城台上築樓，高十三米，寬二十米，進深十一米。上層額枋前懸有「天下第一關」的巨額匾額，樓下是山海關的東城門。

「天下第一關」每個字高一點六米，筆力雄渾，過去訛傳爲嚴嵩所書，其實是明成化八年（一四七二）進士、本地人蕭顯所書，原匾藏在樓下，樓上收藏光緒八年摹刻的匾樓外懸掛的是一九二九年摹刻的。抗戰時，日本人想把原匾偷走，當時百姓設法將匾藏在西大街文廟大成殿內，才保存下來。

說到山海關，就不能不說說吳三桂。明末李自成將明朝山海關總兵吳三桂官兵逼到山海關西羅城下，當時已有一支明朝守關軍隊起義，山海關眼看攻下，可是關鍵時刻，吳三桂投降了清朝，出關迎接多爾衮入關。明軍與清軍合力攻打農民起義軍，迫使李自成撤退，於是清軍從洞開的關門馳入中原，明王朝就此滅亡。

可以說在滿清入主中原的整個過程中，吳三桂起了重要而又獨特的作用。正如「時勢造英雄」，漢奸也不是天生的。讓我們從客觀的角度來看一看吳三桂投降的全過程。他既不是尋常所見貪生怕死、寡廉鮮恥的末流漢奸，也不是如詩人所想像，「衝冠一怒爲紅顏」，全是爲了一個女人才叛變。吳三桂對陳圓圓的深厚感情無可懷疑，但他作爲守邊大將，懂得軍國大事的重要，怎會爲一小妾而冒千古罵名？關內關外美女如雲，有權勢者任意挑選，又怎能爲一歌妓而下這麼大的賭注？

另外，從劉宗敏本身來看，爲了李自成的事業，曾經殺妻表示忠心，他怎會爲一女子而壞軍國人事？甚至還有人認爲「衝冠一怒爲紅顏」的事情子虛烏有。因爲「國難時，陳圓圓尚未歸吳也」。也就是說，李自成入北京時，此女尚未嫁給吳三桂，他怎會爲一個不相干的美女大動干戈？不錯，陳圓圓後來到了吳府，但因三桂的原配異常悍妒，只好使她「獨居別院」。吳三桂連自己的老婆都這樣遷就，又如何爲陳圓圓去費這麼大的心力？單從這點來看，於情於理都難自圓其說。

吳三桂的一輩子幾乎全都是在馬背上度過。吳三桂於明萬曆四十年（西元一六一二年）生於將門之家。父親吳襄，武進士出身，崇禎初年，以守遼有功，被提升爲錦州總兵。吳三桂自幼學習弓馬，後來得中武舉，又以父蔭襲封都督指揮。他在軍中先後任游擊、副將等職，二十八歲的時候就升任寧遠總兵，成爲駐守遼東要塞的一名重要將領。作爲「明末悍將」，吳三桂不但弓馬嫻熟，還世受皇恩，幼承庭訓，滿腦子全是忠孝節義（他十六歲時曾闖圍救父，有忠孝之名），手下的子弟兵也是明軍中的王牌，戰鬥力最強。

吳三桂在明朝遼東將帥中，屬於主戰派人物，對清鬥爭的態度一貫鮮明，且不說他多次參加了抗擊清兵的實戰，打仗也算盡心盡力，偶有丟失陣地的事情發生，也是爲了保存實力的一種策略。明、清松錦之戰以後，局面極爲艱難，很多高級將領紛紛降清，但吳三桂仍守住了抗清陣地。皇太極曾派明降將張存仁等寫信勸他投降，吳三桂不是置之不理就是「答書不從」，抗清的態度十分堅決。很難想像他能痛痛快快地投降滿清。

吳三桂的經歷實在複雜，他前半生（從一歲到三十二歲）在明末，是「舊朝之重鎮」；後半生（三十三至六十七歲）在清初，是「新朝之勳臣」。這個人，事明背明，降清叛清，可謂「裏外不是人」。可是當明清鼎革之際，官軍同流寇交攻，外患與內憂俱來，他所處環境的確太微妙。當時明、闖、滿成三角之勢，螳螂捕蟬，雀在其後，他非聯闖不足以抗清，非聯清不足以平闖。況以兵力計，闖兵號稱百萬，滿兵也有十萬，三桂之兵則僅四萬，無論與誰聯合，都勢必受制於人。三桂置身其間，實無兩全之策。再者，從名節講，他投闖則背主，降清則負明，也是橫豎當不成好人。這樣的困境，大概只有身臨其境的人才能體會得到。

在歷史的緊要關頭，吳三桂別無選擇又必須選擇。事實上，但凡人能想到的他都一一試過。最初，闖圍京師，崇禎決定棄寧遠而召吳救援，他捲甲赴關，但明朝已然滅亡，他想救也遲了。而對急劇變化的形勢，吳三桂心中十分矛盾，他原想觀望一下再說，待看了父親的家書，知道難以同新生的大順政權對抗，準備率領他的人馬西行赴降。不料沒走多遠，他又得到一個重要情報：京城中原明朝三品以上的大員，除極個別人以外，悉被逮捕，父親吳襄也被拷打，家產已經充公。正是農民軍入城後到處抓捕拷打明降官，瘋狂搶掠金帛女人的舉動，令他望而卻步。

既然老父遭刑訊，愛妾被霸占，親屬備服凌辱之後，吳三桂只好斷此念頭。然後，死他也想過，但被眾將吏勸阻。對道學家來講，自殺不但是保存名節之上策，還兼有正氣浩然的美感，但對一個統帥三軍的將帥來說，卻往往是不負責的表現。只是在所有的路都走不通，並且面臨李自成大軍叩關的千鈞一髮之際，他才決定接引清兵。

情況更複雜的是，據學者考證，即使吳三桂的接引清兵在初也並不是降清而是聯清。現在我們知道，他在威遠台與滿人盟誓，完全是效申包胥救楚，實際上只是以明不能有的京畿地區換取清出兵平闖，達成分河而治的南北朝局面。這與南明弘光政權的立場其實完全一致。也是「階級仇」超過「民族恨」，「安內」勝於「攘外」。因此以封建王朝的正統觀念來看，非但無可指責，還受到普遍讚揚。而吳三桂在山海關與多爾袞聯合攻打李自成，這種聯合是吳三桂先出兵主攻，多爾袞只是後來助攻，他曾明確告訴吳三桂：「君（吳三桂）主餘客，主先客繼之可也。」意思是幫助吳三桂平內亂，如果吳三桂已經降清，以多爾袞的凌厲和傲慢，怎會稱吳三桂為「主」他是「客」呢？

況且，吳三桂在山海關之戰後，曾發佈過一篇檄文，內有「周命未改，漢德可思」、「試看赤縣之歸心，仍是朱家之正統」等詞句，顯然這是一種明目張膽的「復明」號召，如果吳三桂已經投降清朝，他應順理成章地為新主人說話，怎麼還會發這種檄文呢？

吳三桂早就是滿人物色已久、必欲得之的將材。在此之前，他的舅父、姨父、兄弟、朋友，很多人已經降清，皇太極本人和他的親友曾去信勸降，許以高官厚祿，他都沒有降。後來闖陷京師，他寧可考慮降闖，也沒有打算降清。細想之，這中間固有利害之權衡，但也不乏名節的考慮。因為他的家屬，包括老父、繼母、弟妹其三十餘人，俱困北京，於明於闖都是人質，如果當初棄土降清，不但全家遇害，還得落個「不忠不孝」。

但是現在情況是：和闖王聯手已經不可能，明朝中央政權也已崩潰，吳三桂明知降清代價很大，也不惜揮淚作書，與父訣別，雖是坐看全家被闖王殺死，但至少名節無虧。然而吳三桂的悲劇在於，雖然從願望上講，他本人想假借清軍延續明朝勢力，但多爾袞卻不想這樣做。在清軍入關以前，吳三桂只想乞師攻打李自成的農民軍，是站在明朝立場上與清兵的聯合行爲，這從他給多爾袞的求援信上看得十分明白。後來他起兵反清時，曾給康熙皇帝寫信，斥責「多爾袞頓背前盟」，可見當時並非投降而只是盟友。滿人奪取北京後，並沒有打算就此罷手，而是長驅直入，席捲天下。局勢的發展大大出乎吳三桂的預料，他已無力也不可能控制清廷入主中原的局面，爲了保存自己的地位和實力，他只好由最初的聯清被迫改爲降清。吳三桂既然選定了這條險道，當然也就身不由己，越滑越遠，從剃髮爲號到拒見南使，從追殺李闖王到進軍西南，終於一步步變成最大的漢族降臣。闖是平了，仇是報了，但明也滅了，節也毀了。

不過，降清並不是吳三桂的目的。吳三桂到雲南以後，一直在做著反清準備。比如，在軍事上他招納李自成、張獻忠的餘部，編爲忠勇、義勇共計十營，加緊訓練，擴充實力；在經濟上，他自鑄貨幣，壟斷鹽井和金、銅礦山等，加重稅收，充實財力；在人事上，招攬人才，廣布黨羽，培養了很多骨幹，籌劃自己的班底。這都表明，他在積蓄資本，準備反清。正式造反以後，及時亮出了「共舉大明之文物，悉還中夏之乾坤」的口號，並且嚴令部下「蓄髮、易衣冠」，這其中的關節並非一個「稱帝野心」所能解釋了的。清廷入主中原已快三十年的時間，人心思治，不想再亂，在英主康熙的治理下，中原在政治上、軍事上、經濟上都獲得了飛速發展。吳三桂不可能不知道自己的劣勢，但他還是不可爲而爲之，說明他降清的時候並不是如一些文人所說是貪圖榮華富貴，否則爲什麼後來官至平西王還要冒此大險起兵呢？

對明朝的滅亡，吳三桂當然起了關鍵作用，但我們與其說它亡於清，不如說它亡於闖；與其說它亡於闖，不如說它亡於己。明朝上下，從廷吏到邊將，從流寇到遺臣，叛服無定，內訌不已，乃自取滅亡。吳三桂本想救明卻導致覆明，正說明了它的不可救藥。

細數「萬歲」有幾何

太平天國之謎

封建時代，只有九五之尊的帝王可以被稱為「萬歲」，所謂天無二日，國無二君，一朝的「萬歲」當然也只能有一位。清末的太平天國，據有江南之地，和清廷對峙數十年之久，儼然有江左王朝的威勢。它的至尊人物也被稱為「萬歲」。但從現有史料看，太平天國的「萬歲」卻不止一位，而有好幾位。究竟有幾位，史學界存在著爭論，並且從中引出了很多新的問題。

第一種說法是兩位「萬歲」。即洪秀全（一八一四～一八六四）與其子洪天貴福。天王洪秀全稱「萬歲」自不必論說，幼主洪天貴福也同時稱萬歲，不同於歷代體制，創造了一朝兩萬歲之例。這的確是事實。一八五一年的《太平禮制》就寫道：「臣下稱呼幼主萬歲。」

第二說是有四位萬歲。即洪秀全和洪天貴福之外，又加上「上帝」和「耶穌」。按照太平天國的宗教觀念，洪秀全拜上帝爲「天父」，尊上帝爲「萬歲」，理所當然；耶穌作爲洪秀全的

「天兄」，其子洪天貴福都能稱「萬歲」，順理成章也應稱爲「萬歲」。

第三說是有五位萬歲。在第二說的「四位」之後，又加上了東王楊秀清（一八二三～一八五六）。楊秀清逼洪秀全封自己做「萬歲」，而招來了殺身之禍，這是眾人皆知的。可見，太平天國的「萬歲」稱謂，不像封「王」那樣隨便。

第四說是有八位「萬歲」。這是史學界爭論最激烈的一種說法。這種說法的依據主要是太平天國的玉璽中有「八位萬歲」這一句話。這件玉璽上書「天王洪日，天兄基督，八位萬歲，真王貴福」等四十四個字。論者認爲，這件玉璽製造的時間應該是在一八六一年以前，這「八位萬歲」確切的是指：爺（上帝）、哥（耶穌）、朕（洪秀全）、幼（洪天貴福）、光（洪秀全第三子光王）、明（洪秀全第四子明王）、東（東王楊秀清）、西（西王蕭朝貴）。而且，在《朝天朝主》圖上寫明了「天王詔旨」，「詔旨」曰：「爺哥朕幼真天主，光明東西八數龠。」由此說明太平天國有「八位萬歲」，

有的人則不同意「八位萬歲」之說。他們主要根據《忠王李秀成自傳原稿》，其中提到一八五二年十一月「天王在長沙製造玉璽」，目前沒有任何資料說明天王在此後又重鐫另外一方玉璽，所以上面第四說提到的玉璽，應當就是一八五二年製造的。

幼主「洪天貴福」的名字起於一八六一年，玉璽中「真王貴福」應當指的是誰呢？太平軍佔領天京是在一八五三年三月，此後明王才在天京出生，這是有據可考的，那麼一八五二年的玉璽

中「八位萬歲」中怎麼可能有明王呢？楊秀清直到一八五六年逼封萬歲前，還是「九千歲」，如果一八五二年他就已經成了「萬歲」，又何必後來逼封呢？假定玉璽鐫刻的時間是在一八五八年光、明王加稱之後，那可以說明楊秀清在一八五六年並不是「萬歲」，而只是「九千歲」，那麼他逼封「萬歲」，不是篡位又是什麼？可見只依據玉璽上的說法來定「萬歲」，與諸多史實之間都有矛盾。

於是，有的論者考證說那方太平玉璽是假的。論者查證史料，列舉了多方天國真正玉璽的尺寸，說明現有的太平玉璽璽文嚴重違反了太平天國禮制，不足為憑。並且進一步指出，通過《朝天朝主圖》來證明「八位萬歲」的說法，其實是一種誤解。圖上的原文是：「上帝基督共朕三，爺哥朕幼三一添。爺哥朕幼東成主，爺排五數主當擔。爺哥朕幼光明東，七數安息太平兼。爺哥朕幼真天主，光明東西八數龕。長次加上十全吉，三人同日苦成甜。」可見，此圖本義正如天王的圖旨中所說，是「朕今降詔定位次」，而非昭示誰為萬歲。

從圖上可看出，這十位中的「爺、哥、東、西」四位皆不在人間，而另六位「朕、幼、光、明、長（洪秀全長兄洪仁發）、次（洪秀全次兄洪仁達）」恰是洪氏兄弟父子。與其說是突出前八位，倒不如說是突出洪氏家族更合此圖真意。因此說，如果據圖數數，這裏就已是「十位」了。幼、光、明既然能為萬歲，其二位伯父又為何不能呢？由此也反證第四說依據的「太平玉璽」是偽造品。這種觀點反對「八萬歲說」，該算作「萬歲」第五說了。

第六種「萬歲」說法是「十三萬歲」說。根據張汝南《金陵省難記略》的記載：「洪賊曰：『東王既萬歲，世子亦便是萬歲，且世代皆萬歲。』」又，知非子的《金陵雜記》中寫道：「洪秀全隨之向眾黨云：『嗣後均宜稱東王爲萬歲，其二子亦稱萬歲。』賊眾諾。」又，一八五八年，禮制中洪秀全第五子洪天祜被封永歲，若按「永歲」與「萬歲」義相通之說，也是一位「萬歲」。如此算來，就共有十三位「萬歲」了。

另外，值得一提的是，第四說、第五說中所指的那方太平玉璽，至今來歷也不明，實在也很難在史料上提供更多的證據。看來，太平天國究竟有幾位「萬歲」，在沒有新的史料和實物發現之前，上述說法都該存疑了。

俠義與悲壯的詠嘆

荊軻刺秦王之謎

荊軻，生卒不詳，戰國時衛人。喜愛讀書擊劍，被燕國太子丹善待，尊為上卿，領受太子丹送予的車騎美女。後，荊軻攜帶秦亡將樊于期的頭及燕督亢地圖拜謁秦王，內藏淬毒匕首，企圖刺殺秦王嬴政。刺殺行動失敗，被嬴政誅。

在高漸離的琴聲和易水河的寒風中，荊軻上路了。他知道，這是一條不歸之路，但是他依然從容赴秦。他為什麼答應太子丹的要求去刺死秦王？他的行為反映了什麼個性和心理？這些問題引起了歷史研究者濃厚的興趣。

據《史記．刺客列傳》記載，荊軻（？～前一九三）本是衛國人，其先人乃是齊國人，後來秦滅衛國，他逃亡到了燕國。在燕國，荊軻不被當局者重用，整日在市井放歌縱酒，酒醉之後往往與好友高漸離等相對而泣，旁若無人。

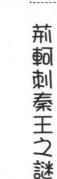

根據史料的記載，荊軻「好讀書擊劍」，「雖遊於酒人乎，然其爲人沉深好書」，也就是說，荊軻更是一個有學問的沉穩之士，決非一介山野莽夫。至於他在刺秦王之前是否操過殺人的營生，歷史上是毫無記載的。後來燕太子丹找人行刺嬴政，首先找到田光，田光因年老力衰，故而推薦了他門下的荊軻。荊軻起初推辭過，但太子將他尊爲上卿，給予他極爲優厚的禮遇。荊軻本打算再等一個能助其一臂之力的朋友共赴秦國，但因太子催之甚急，只得帶領秦舞陽離燕赴秦，慨然踐諾。

在很多人的眼裏，荊軻是一個具有大俠膽識，又渾身充滿正義感的英雄。但在史學家眼中的荊軻並非如此簡單。韓兆琦先生認爲：「荊軻是一個武藝高強、俠肝義膽的勇士，他刺秦的義舉來自他對強秦的國仇家恨，也是他爭取自己的生存權的最後一搏。他與燕國不沾親帶故，如果說燕太子丹要刺殺嬴政有其報私仇的成分，那麼，荊軻的目的則是出於爲救六國人民的俠義之心。」太子丹開始並沒有重用荊軻，甚至後來讓他去刺秦，也沒有完全理解和信任他，所以，荊軻並非要「爲知己者死」，他的行爲的價值不在於個人義氣，而在於他代表了廣大人民的抗暴之心。

但是，也有不少史學家認爲，荊軻並沒有那麼高尚無私。張傳璽先生就認爲：「荊軻處在一個個人主義的時代，他被一種『義』的觀念所驅使，雖然他的確勇敢，但他的『義』畢竟是個人的小『義』，而秦始皇的統一大業才是大『義』。因此，我認爲不必要把他拔高到英雄人物的高度。」

陳成軍先生的見解非常獨特，他說：「荊軻甚至是不具備做刺客的能力和本領的。事實上，荊軻應該更是一個戰國時期常見的縱橫之士，他喜歡讀書，善於遊說，有一定的學問，可以說他是個俠士，但他不是一個武夫。」

根據這個觀點，陳成軍合理地解釋了荊軻爲什麼開始婉拒太子丹讓他刺秦的要求，後來又一拖再拖。「他是在等一個真正的刺客，一個有能力行刺的武士。但是太子丹不容許他再等下去了，所以他只好和舞陽一起去，而舞陽只是一個在市井中殺人的小角色，到了秦王大殿裏自然嚇得變了色。而荊軻只得自己來扮演這個他並不願意扮演的角色。」

有關荊軻的名詩

《詠荊軻》 晉·陶淵明

燕丹善養士，志在報強嬴。招集百夫良，歲暮得荊卿。君子死知己，提劍出燕京；
素驥鳴廣陌，慷慨送我行。雄髮指危冠，猛氣充長纓。飲餞易水上，四座列群英。
漸離擊悲筑，宋意唱高聲。蕭蕭哀風逝，淡淡寒波生。商音更流涕，羽奏壯士驚。

心知去不歸，且有後世名。登車何時顧，飛蓋入秦庭。凌厲越萬里，逶迤過千城。圖窮事自至，豪主正怔營。惜哉劍術疏，奇功遂不成。其人雖已沒，千載有餘情。

《於易水送人》 駱賓王

此地別燕丹，
壯士髮衝冠。
昔時人已沒，
今日水猶寒。

後宮有夠亂

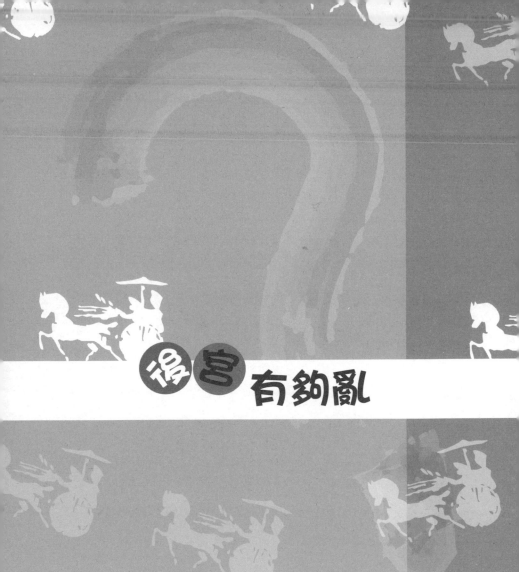

懼內還是忠貞——隋文帝婚姻之謎

隋文帝（五四一～六〇四）即楊堅，隋朝建立者，西元五八一至六〇四年在位，弘農華陰（今陝西）人。北周時任宰相，大定元年（五八一）廢靜帝自立。開皇七年滅後梁，兩年後滅陳，結束了南北朝對立局面，統一全國。在位時，倡農耕，改官制，國家漸昌。仁壽四年（六〇四）卒。一說被太子楊廣殺死。

「懼內」是現代人開玩笑時常用的詞兒，是指男人對自己的老婆畏懼、順從的意思。在中國封建統治時期，夫權色彩極為濃重，女人在家庭中毫無地位可言，要「嫁雞隨雞，嫁狗隨狗」，在當時，男人就是一家之主，是說一不二的，所以也極少有「懼內」的男人。而隋文帝楊堅作為大隋朝的開國皇帝，天子威嚴至高無上，揮揮手，便能集起千軍萬馬，跺跺腳，天下也要為之顫抖，他怎麼會畏懼一個手無縛雞之力的婦人呢？這的確有些蹊蹺。

隋文帝楊堅出身於一個官宦之家，其父曾是東漢太尉。他自十四歲起就開始了做官生涯，先是被授予散騎常侍、車騎大將軍等職，後又因當時的執政者宇文泰的賞識，遷升爲驃騎大將軍等要職。十九歲時，又遷爲隨州刺史，可謂少年氣盛，才華清奇。隋文帝相貌清奇，氣宇軒昂，加之政績斐然，很快便被鮮卑大貴族、柱國大將軍獨孤信看上了，獨孤信認識到在這個動盪年代，楊堅肯定會出人頭地，於是便把自己十四歲的女兒獨孤氏嫁給了楊堅。楊堅一生的轉折與機遇在這個時刻出現了。獨孤信是朝廷重臣，而且他的大女兒是周明帝的皇后，楊堅與獨孤一家攀上關係，自然會沾不少光。沒幾年的光景，楊堅便得了隨國公的爵號，後又進封柱國，政治前程一片光明。

在楊堅越發被皇帝重用、其政治才能越發顯露時期，他的妻子獨孤氏也極爲活躍。獨孤氏性情內斂，飽讀詩書，又出身于高官之家，故而頗有政治見解。每天楊堅下朝歸來，都要與妻子談一談當天君臣的具體行爲，獨孤氏則常有精闢的分析和恰當的建議，楊堅越發佩服妻子的眼光與見識。後來，又是獨孤氏一手操辦了女兒的婚事，把女兒嫁給了周武帝的兒子宇文贇爲妻。當時，楊堅對此頗有微辭，理由是女兒比女婿大，而且其子生性玩劣，整日只知拈花惹草，不學無術。而獨孤氏卻一針見血地道：「宇文贇身上流的是皇室血脈，僅這一點便足矣。」事實驗證了獨孤氏的選擇是明智的，當周武帝死後，果然是宇文贇承繼了皇位，爲周宣帝，楊堅的女兒被封爲皇后。楊堅也借此一躍成爲上柱國、大司馬，後又疾升爲大前疑（相當於丞相），在皇帝外出時，由他主持日常政務。

一人之下、萬人之上的楊堅並沒有滿足。他與妻子看到周宣帝整日耽於聲色，不理朝政，而皇室宗親們卻擁兵自重，夫妻二人預感到一場時局動盪將要來臨，周宣帝恐無力保住江山，也無力保住他們，於是便開始悄然結黨，準備積蓄力量，將周取而代之。方案一定，獨孤氏便開始了積極的活動。她布衣釵裙，今天上東家話家常，明天去西家賀婚嫁，不多時日，一些有能力、有才華的大臣們便都彙聚到了楊堅的周圍。後來的事情就簡單了，周宣帝因縱欲無度，早早而亡，幼帝年紀尚小，楊堅在擔當了一段輔助大臣後，自己稱帝了，定國號爲隋，以長安爲都，這一年他四十歲。

隋文帝這個帝王稱號不是世襲承繼來的，也不是衝鋒陷陣打下來的，而是在政途中漸次升遷，最後由一班黨羽輔佐搶下來的。正是由於這個原因，隋文帝越發感到獨孤氏在其中起了舉足輕重的作用，也越發敬重自己的皇后獨孤氏了。隋文帝躺在龍榻上，曾經深情地對獨孤氏說過：「大隋朝的建立雖沒用一槍一彈，但這其中卻有皇后的無數心血，朕這一生永遠敬重你，不會再近其他女人。」在每天上朝時，隋文帝都是與獨孤氏同乘一駕龍輦至大殿門口，而後再由獨孤氏目送入殿。這在歷史上並不多見的皇帝、皇后伉儷情深的場面，被人們傳爲了佳話，並稱之爲「二聖」。

隨著隋文帝穩固了初建的大隋朝局勢後，獨孤氏也老了，皮膚鬆弛了，體態臃腫了，她對夫妻二人的情感也不再像以前那麼自信了，獨孤氏把宮裏的鏡子打碎，發誓再也不看鏡中那張滿是皺紋的臉了。

其實，在中國歷代君王中，隋文帝可稱得上是一位不近女色的專情君王了，他共有五個兒子，全是皇后獨孤氏一人所生，宮裏的那一大群嬪妃，都是為壯皇家氣勢的擺設，隋文帝很少染指。獨孤氏天天在隋文帝耳邊告誡：「皇上可謂史上最為專注政務的偉大君王，千萬別為了幾個女人壞了聲譽。」

可隋文帝也是人，是個血氣方剛的壯年漢子，面對宮中的萬千佳麗，怎麼能視而不見、無動於衷呢？剛稱帝時，政務太多顧不上，後來呢，又怕傷了獨孤氏的心，對皇后又敬又畏的心理讓隋文帝真真成了坐懷不亂了。當然，有時不免也會有些意外。

有一天，隋文帝酒後小歇時，恰逢尉遲迥的孫女從面前走過，二八芳華的尉遲氏彎腰擺柳，儀態萬千，隋文帝不免心有所動，衝動之下，一把抱住了尉遲氏，做了一番雲雨之事。事畢，隋文帝從尉遲氏的曲意奉承和千嬌百媚中，才感到自己與獨孤氏這幾十年的生活是多麼的乏味。獨孤氏一向以功臣自居，在隋文帝面前從未有過恭卑，年紀大了，自然也不能讓隋文帝心如脫兔般衝動了。隋文帝心中暗下決心，要遍嘗宮中美色。誰料想，這邊巫山相會，那邊早已妒火中燒，待隋文帝上朝後，獨孤氏便遣人將尉遲氏亂棍打死了！隋文帝聽聞後，自知擅越了「規矩」，便沒敢發作。

奇怪的是，隋文帝在與其他嬪妃相處時，竟無人敢與之親熱，怕落個尉遲氏的下場。隋文帝也只能在心裏暗暗生氣，慨嘆自己還不如一介百姓，百姓都可以三妻四妾，自己堂堂的一國之君，卻只能與獨孤老太婆苦守。

隋文帝的後宮中，曾有一位傾城傾國的宣華夫人，據史書記載，這位宣華夫人有沉魚落雁的容姿，但隋文帝只能在獨孤氏死後，才敢一親芳澤，可謂畏之深矣。其實，隋文帝對獨孤氏的敬畏不僅表現在這一方面，在料理國家政務時，隋文帝任免大臣、獎罰官吏等，都要與獨孤氏商量，而獨孤氏雖然嫉妒心強，但在輔佐隋文帝處理政務時，卻頗爲公允、明智，這也是隋文帝佩服她的地方。

隋文帝雖然難免在歷史上寫下自己尷尬的「懼內」名聲，但也還是因爲有獨孤氏的幫襯，才使他坐穩了江山，成就了英名，他是應該感激這位自己又怕又敬的結髮妻的。

「割袍斷袖」的奇聞

漢哀帝畸戀之謎

漢哀帝（前廿五～前一）劉欣，元帝庶孫。三歲立為王，綏和元年（前八）立為皇太子，二年（前七）四月即帝位。其在位期間重用外戚，親幸孌臣董賢，並委以政事，甚至欲禪位於董賢。後身患痿痹之疾，元壽二年（前一）六月卒。諡孝哀皇帝。葬義陵。

漢哀帝劉欣，漢元帝之孫，漢成帝之侄。劉欣三歲即嗣立中山王，十九歲又繼承皇位，可謂尊貴無比。然而，他卻崇尚儉樸生活。哀帝即位不久，即廢掉樂府官，反對貴戚奢靡生活；接著罷止齊國三服官（管理織造絲服的官員），提倡臣民生活節儉。哀帝自己僅立一帝一后，縮減後宮用度，帶頭過樸素平淡的生活。哀帝的做法，古今少有。這是爲什麼呢？

漢成帝時期，土地兼併嚴重，貧苦農民無立錐之地，統治階級又拼命重稅斂財大肆揮霍，民不聊生。漢成帝營造昌陵，花費錢財一百億元，平掉百姓墳墓幾萬座，死亡流離幾十萬人，民怨載道。成帝年間又水災連年，大批饑民流落異鄉，賣身為奴。貧苦農民再也生存不下去了，他們揭竿而起，掀起了農民起義浪潮。

成帝初年，關中南山數百人起義；河平三年，東郡蔫平侯母辟兄弟五人起義；陽朔三年，潁川鐵官徒一百八十人起義；鴻嘉三年，廣漢起義；永始三年，尉氏地區樊並起義，同年，山陽鐵官徒蘇令起義。雖然這些農民起義最後被鎮壓下去了，但已暴露出漢王朝的統治已是危機四伏。

哀帝即位，就面臨著王莽把持朝政，覬覦漢室天下；官僚生活腐朽，敷衍國事政務；階級矛盾尖銳，農民反抗即將爆發的三大統治危機。漢哀帝必須要緩和階級矛盾，籠絡人心，以維護統治。

漢哀帝下詔罷掉樂府官，禁止靡靡之音的氾濫。哀帝一向反對貴戚奢侈無度，紙醉金迷的生活，提倡士民生活平淡，勤儉節約。同時，哀帝免去齊國三服官，不再設立專門管理織造絲織服裝的部門，提倡臣民衣飾樸素，減少用度。哀帝的意思是通過減少高檔消費，從表面上縮小貧富懸殊對比，讓貧窮之人心理稍感平衡，化解衝動反抗之怨。

哀帝個人生活也很為儉樸。史載哀帝「雅性不好聲色」。哀帝為定陶王時，娶立王妃；被立為太子後，王妃改立太子妃；登基為帝，太子妃即為王后，哀帝沒有喜新厭舊，對原配之妻不離不棄。哀帝雖登天子位，從未縱情聲色，僅立一位昭儀。董昭儀的住處被命名為椒風，和皇后住處椒房相呼應，不相上下。董昭儀雖是極受寵愛，但她的住處卻很簡樸，生活上也是簡單平常，不講究鋪張排場。哀帝私人生活如此淡泊，雖有他的政治用意，以號召吏民學習仿效，但也有他個人的特殊隱情，那又是什麼呢？

哀帝身弱，不能多近女色，他只好減少對女性的興趣，從男寵身上補償。哀帝的男寵叫董賢，原是他的舍人。有一次董賢在殿下報時，哀帝對他一見鍾情，先後拜爲黃門郎、駙門都尉侍中，寵愛異常。董賢以身侍帝，同臥同起。某次午睡，哀帝衣袖被董賢身體壓住，他想起床，又怕驚醒董賢，就以刀割斷衣袖，恩寵無以復加。董賢美麗溫柔，嫵媚纏綿，博得哀帝的歡心。董氏一門升官封爵，榮耀無比。董賢妹被封昭儀，董賢父、岳父、內弟先後被封高官，董賢先爲高安侯，後任大司馬，權傾天下，傲視權貴。

董賢是個繡花枕頭，胸無學識，哀帝飽讀詩書，熟諳治國之道，怎會放心把大司馬這樣的重要權位交授董賢呢？哀帝即位之初，正是外戚王氏專權，獨攬朝綱的時候。哀帝要奪回軍政大權，必須削奪王氏權力。哀帝用自己的外戚丁氏代替王氏外戚，奪回朝權。但只使丁氏尊貴，並不交給他們實權。後來，又罷免了大司馬丁明，由董賢代之。傀儡董賢當大司馬，全部權力都掌握在哀帝手中，哀帝暫時實現了君主高度集權。他尊崇董賢，就可以壓制和調控各派朝野勢力，震懾王侯貴戚：不得與王權抗衡，否則，死路一條！

漢哀帝提倡節儉，緩和和掩蓋了社會貧富分化的矛盾，但不解決實質問題，社會矛盾更加激化。哀帝重用董賢，看似奪回了大權，實際上，王莽勢力不久就東山再起。哀帝下詔限定田宅和奴婢數量，由於觸動大地主利益，遭到反對，流於破產。哀帝的措施已經無法挽救漢王朝的統治危機，劉氏天下搖搖欲墜。

那麼，漢哀帝到底是真節儉，還是做樣子給別人看？只有他自己最清楚。隨著史學研究的深入，我們早晚會知道這個真相。

佳麗要集的「豹房」

明武宗淫亂之謎

明武宗（一四九一～一五二一）朱厚照，明代皇帝。其於一五〇五年即位後，寵任宦官劉瑾，淫樂嬉遊，擴建皇莊，橫徵暴斂，人民痛不欲生。河北、山東、江西、四川等地農民起義不斷爆發，封建明王朝處於風雨飄搖之中。

明武宗朱厚照十四歲即位，陡然做了皇帝，整天接觸的都是枯燥無味、繁如亂麻的國家大事，使他無比厭煩。品性惡劣、狡詐多端的太監劉瑾，投其所好，弄來鷹犬、歌伎、角抵之類供其玩樂，深得寵愛。朱厚照遂縱情聲色、不理朝政。後來，劉瑾結黨營私，排斥異己，權傾朝野，成了「站皇帝」，朱厚照則成了劉瑾操縱的「坐皇帝」，宮廷內外一片烏煙瘴氣。即位的第二年，朱厚照依從劉瑾的主意，下令在西華門外築起了宮殿式的高大建築，命名為「豹房」。從此，朱厚照整天沉湎其中，不能自拔。

「豹房」內設密室多處，專供朱厚照姦淫婦女之用。在玩膩了宮中美女之後，又令錦衣衛都督同知于永到京官的府第中物色一批能歌善舞的美女。朱厚照將她們留在豹房的密室中，待之如妃嬪。他還和這些舞女及樂工們，同喝同演，醉生夢死。

他的玩樂之心如脫韁之馬，時時尋找新的刺激。他令宦官們開設店鋪，自己換上平民服裝充作店主，以討價還價為樂。他又讓宦官們開設酒店，弄來宮中美女歌舞，助其酒興。他還經常和他的義子江彬微服到教坊歡樂，夜不歸宮。為了尋求更激烈的刺激，朱厚照還身披鎧甲，馳馬舞劍，指揮宦官組成的「中軍」，與江彬率領的邊兵玩對陣遊戲。吶喊聲震天，火炮聲不斷，三天兩日就演練一回，鬧得京城雞犬不寧。

後來，他又大肆整修和擴建豹房，花費白金竟逾廿四萬兩，增添人員和虎豹熊獅等兇猛野獸，並不斷令人為其進獻美女。延綏總兵官馬昂本已犯罪罷官，為了討好他，竟逼著已出嫁的親妹妹來豹房為朱厚照侍寢，結果，不但官復原職，而且得到了豪宅和蟒衣的賞賜。

朱厚照把「豹房」稱作「新家」。可是，過了一段時間，他對這個「新家」又感到膩煩了，在江彬的慫恿下，想搞大規模的出巡遠遊。他在位期間，北巡宣府兩次，密雲一次，西巡太原一次，每次都塗炭一方，為害百姓。最後一次南巡，因眾臣以死相諫，才未能成行。這期間種種荒唐之舉，均為人所不齒。

他第一次北巡宣府，是不顧大臣們的勸阻，在沒有儀衛扈從、伴駕大臣、護輦將軍陪同的情況下，乘夜秘密出京的。一路上像支游擊小分隊，躲避追勸的朝臣，偷過御史把守的關口，悄悄到達了塞上的宣府。這裏有江彬爲其修建的「鎮國府」，府裏畫棟雕梁、朱簷黃瓦，還有京城豹房中的珍寶和巡遊途中掠來的民女，朱厚照樂得心花怒放，稱這裏是「家裏」，是他的第二處豹房。

宣府地處交通要道，街市富麗繁華，城外天高雲淡，別具情調。朱厚照常常晚上出去，闖入民宅，或索要酒食，或搶劫婦女，無惡不作。他手下的軍士竟強拆民房，以門窗做炊柴，攪得市肆蕭然，白晝閉戶。不幾天，聽說蒙古兵犯境，朱厚照竟自封爲「總督軍務威武大將軍總兵官朱壽」，向內閣索要白銀五十萬兩，並冒險與蒙軍交戰，傷亡六百餘人，自己也險些被俘。但他認爲敵軍已死十六人，並且退走，自己取得了重大勝利。於是在回京之時，令文武百官迎駕於德勝門外，彩幛數十，彩聯數個，冒著雨雪等了一天，直到傍晚，才見他坐騎紅馬，身披戰袍，在火把照耀下，由兵士簇擁著，洋洋得意而來。

西巡太原那次，他走的是京城——居庸關——宣府——大同——榆林——綏德——太原這條路線，費時半年之多。他怕大臣再據理阻止他，遂以抵禦北寇爲藉口，擬了一道荒唐的「敕令」：「特命總督軍務威武大將軍總兵官朱壽，率六軍征討。」這裏的朱壽當然是朱厚照自己了。閣臣無法從命，他竟拔劍威脅，後來看詔令無人能擬，遂於次日天未亮之時，悄然出京。途中封自己爲「鎮國公」，歲支祿米五千擔。一路上，無論官家民家，已婚未婚，凡被其看中之婦女，一律佔有。

太原晉王府樂工楊騰的妻子劉氏，既有姿色又通音樂，朱厚照把她占爲己有，帶回宮中，稱爲「美人」，寵幸超過所有妃嬪宮女。西巡歸來，朱厚照滿載金玉玩器、鷹犬虎豹、美姬麗女，彷彿打了次大勝仗，俘獲了無數戰利品。

過了不到一個月，朱厚照又要到細雨輕煙籠罩的南方出巡，並下了詔令。當時遭到朝臣的群起反對，先後上疏勸阻。朱厚照先是不理睬，後來竟十分震怒，將幾十名大臣捕入獄中，又對上百名大臣施以杖刑，有幾人當即死於杖下。金吾衛指揮僉事張英，以死相諫，竟袒胸持劍自刃，血流滿地，後遭杖擊而死。遭害者不惜生命的浩然正氣，使朱厚照不得不取消這次南巡行動，其中有十五人被杖刑送命。這個代價太高昂了！

此後，他仍在豹房中鬼混。那些圍在他身邊的奸臣，見他嗜酒如命，就將罌粟放入酒中，使他染上酒癮，終日酣酗，趁他顛倒迷亂之際作祟。過量的酒精加上毒品，使朱厚照的強壯身體垮了下來，後來他死於豹房，結束了荒嬉無度的一生，死時才三十一歲。

荒淫無度的結果——隋朝短命之謎

隋朝共歷二帝，三十八年而終。西元五八一年，楊堅代北周稱帝，國號隋，定都大興（今西安）。九年滅陳，統一中國，疆域東、南到海，西到今新疆東部，西南至雲南、廣西和越南北部，北到大漠。煬帝大業十年（六一一）起，農民起義相繼發生，隋滅亡。

中國千餘年的封建歷史上，王朝更迭數不勝數。隋王朝立國之初，號稱「甲兵強銳」，「風行萬里」，但卻國運不濟，二世而亡，這樣的情況的確比較少見。

隋亡不過二世，原因自然和兩個皇帝關係最大。滅國的隋煬帝楊廣，普遍被認爲是隋朝滅亡的最重要原因。他的天下來自子承父業，沒有過打天下的經歷。楊廣荒淫無道，揮霍無度。大興土木，窮兵黷武，連年征伐，攪得天怒人怨。《隋書．煬帝記》中說：「受賞者莫見其功，爲戮者不知其罪，驕怒之兵屢動，土木之功不息；頻出朔方，三駕遼左，旌旗萬里，徵稅百端，猾吏侵漁，人不堪命。」在這樣暴虐的統治下，農民戰爭不可避免，最終導致了隋王朝的土崩瓦解。

當然，如果從歷史的角度全面看待這個問題，就不能認為一個朝代的興衰簡單為一個人的緣故。唐代的魏徵曾就隋朝滅亡評論道：「跡其衰怠之源，稽其亂亡之兆，起引高祖，成於煬帝，所由來遠矣，非一朝一夕。」這種說法是比較有根據的。可以說，從隋文帝開始，隋王朝就露出了大廈將傾的徵兆。

隋文帝楊堅是隋朝開國，但是隋朝與歷史上其他強盛的王朝相比，其政權不是從戰爭中得來，而是趁北周的即位者年幼，以外戚權臣的身分，從「孤兒寡母」手中篡奪而來的，名不正則言不順，楊堅不免提心吊膽。他怕人不服，又喜歡猜忌下屬，結果很多能臣戰將都被打入冷宮。

做事方面，楊堅專斷獨裁，非但不信任自己的部屬，最後甚至開始誅殺、罷斥功臣宿將。這樣一來，統治集團內部已經分崩離析。比如西元五九二年，就連尚書右僕射蘇威都背上了與禮部尚書盧愷等「共為朋黨」等罪名，他的免官，就牽連了知名之士百餘人獲罪。《隋書》的作者評論道：「墳土未乾，子孫續踵屠戮，……天下已非隋有。」

而且，隋王朝的政策從文帝開始就已經有了很大的問題。登極之後，楊堅的奢侈行為日益滋長，大興土木，平山塡空，營造供他享樂的仁壽宮。為了自己的享樂，不惜勞民傷財，乃至逼死了數萬民工良匠。而對國內少數民族的鎮壓又分外嚴酷，民族矛盾的加劇導致了少數民族的起義不斷發生。上行下效之下，各級官吏對人民的欺壓，也就可想而知了。

當然，楊堅畢竟是一代強國的開國之主，還是有他有作爲的一面。他當政的時期還是進行了一連串革除弊政的變革，力求使社會安定。政治方面，他加強了皇權，採取措施鞏固了內部的穩定；經濟上，相對於北周而言，賦役還是減輕了一些，民心稍安。楊堅還派人到各地巡查，賑濟、課免受災地區，使百姓得以維持生計。因此，楊堅統治下的隋政權還是很穩固的，隋王朝從表面來看也可以稱得上是國力強盛。唐代史臣評價隋文帝時，還是予以褒揚：「雖未能臻於至治，亦足稱近代之良主。」但實際上，隋文帝末期的時候，各種社會矛盾已開始激化，危機四伏，隋朝滅亡可以算是大勢所趨。

中國歷史上歷時比較長久的王朝，大都經過大規模農民戰爭的洗禮。漢、唐、明、清無不如此。封建社會的階級壓迫總是越來越強烈，所以矛盾總是不斷積累，直到大規模爆發之後才能稍有緩和。隋朝得國之路來得較爲輕易，統治者非但不採取措施，厲行改革，反而窮奢極欲，置人民於水火。這樣先天既然不足，後天又無改善，國焉得不亡？

淫樂中的亡國

南朝齊明帝性格之謎

東昏侯（四八三～五〇一）蕭寶卷，齊明帝之子，建武元年（四九四）立為太子，四九八年即位。其在位時，寵信宦官奸臣，誅殺忠良，荒淫無度。中興元年（五〇一），雍州刺史蕭衍擁和帝攻入建康，將其殺死，貶為東昏侯。

西元四九八年七月的一天，苟延殘喘的南朝齊明帝躺在龍床上，怎麼也放不下心。他命人將太子蕭寶卷叫來，做臨終囑咐。他屏卻侍臣，再三叮囑蕭寶卷：「凡事不可爲人後，遇事一定要先發制人。」

這話可以說是齊明帝做皇帝的法寶。從即位開始，他就大肆誅殺齊高帝、齊武帝的子孫，來防止他們覬覦皇位。現在，他把法寶傳給了自己的兒子，他可以放心地走了。蕭寶卷果然不負眾望。即位以後，他相繼誅殺了始安王蕭遙光、尚書令徐孝嗣、右將軍蕭坦之等，逼得老臣陳顯達、崔慧景等起兵反抗，結果都兵敗被殺。血雨腥風瀰漫整個京城。

自以爲政權很鞏固了，蕭寶卷便開始過起了荒唐昏庸的生活。早在東宮做太子的時候，蕭寶卷就喜歡玩耍，不喜歡讀書。他經常每天晚上捕捉老鼠，有時一直捕捉到天亮，並且把這當作很快樂的事情。他生性訥訥少言，不喜歡與朝廷大臣接觸，對周圍的群小卻極爲信任。齊明帝死後，蕭寶卷討厭靈柩放在太極殿內，要求把齊明帝速速安葬。大臣們據禮抗爭，才得以過月。每當有弔唁的客人哭泣時，蕭寶卷就嚷嚷喉頭疼痛難忍。太中大夫羊闡入靈堂憑弔，號啕俯仰，把巾幘掉到了地上，露出禿腦袋。蕭寶卷見狀，哈哈大笑。他對宦官王寶孫說：「這不是禿鷹在啼哭嗎？」

眾大臣被誅殺後，蕭寶卷更加肆無忌憚，日夜在後堂戲馬，以鼓噪爲樂。每到晚上，他就命人擊鼓吹笳，還令幾百人狂叫。整個宮中變成了嘈雜的鬧市。

蕭寶卷喜歡騎馬馳騁，風雪無阻。有時馳騁渴了，他就下馬解下水器狂飲，然後又揮馬馳去。他擔心馬具用錦繡裝飾的地方被雨水淋濕，就把雜彩珠子織連在一起，然後覆蓋在上面，極盡雕巧之能事。他讓宦官五十餘人做騎客，又挑選營署中擅長奔走的無賴小人爲他牽馬駕犬，浩浩蕩蕩數百人，跟隨他奔走往來，沒有一絲閒暇。

當時射雉之風瀰漫朝野。蕭寶卷設置了二百九十六處射雉場所，其中的帷帳都是用綠紅錦做的，弩牙用金銀鏤雕，箭用玳瑁裝飾，可以說極盡糜費。

蕭寶卷還是個擔橦迷。漢代這種雜技大概是將長橦立在伎人的肩膀上或額頭上。南北朝時期，有將長橦立於牙齒上的，叫作齒橦，而且這時橦的長度普遍加長，大大提高了橦技的難度。蕭寶卷學橦技的時候，手腕常常受傷。經過勤學苦練，他使用的白虎橦長可達七丈五尺，用牙齒擔著，有時牙齒折斷了也不停止。橦技的各種用具，蕭寶卷都自己製作，上面用金花玉鏡等各種寶貝鑲綴。

陳顯達起兵反抗被平定後，蕭寶卷開始外出遊走。外出遊走時，他不願意讓人看見他，就命人把老百姓趕走，只留下空宅子。由於往無定所，地方官吏常常來不及驅斥百姓而因此獲罪。老百姓每次被驅斥時，衣裳顧不得披，有時甚至光著腳出走，有膽敢不走的都格殺勿論。前魏興太守王敬賓剛剛去世，家人被驅斥，無法留下照看，等到家人回來時，王敬賓的兩隻眼睛都被老鼠吃光了，慘不忍睹。

有位做長秋卿的官員病得很厲害，不聽家人的勸告，沒有留在家裏，結果死在了路邊。一次，蕭寶卷遊走到沈公城，有位婦女要臨產沒有離去。殘忍的蕭寶卷就把這位婦女的肚子剖開，僅僅是爲了看看是生男還是生女。由於蕭寶卷經常出行，從萬春門東至郊外數十里，經常是空家淨室，可以說他的恣意妄爲使工商無不廢業，給人們的正常生活造成了極大的混亂。

可是即使這樣，蕭寶卷仍然覺得不過癮。他在宮苑中設立店肆，每天在其中遊蕩。店肆中充盈著各種各樣的貨物，宮女和宦官化裝成小商小販。他讓自己寵愛的潘妃做市令，自己做市吏錄事，把那些擾亂市場秩序的都交給潘妃處置。他還開渠建壩，在壩上設置店鋪，自己在店鋪中殺豬宰肉，潘妃賣酒。當時百姓做歌諷刺道：「閱武堂，種楊柳，至尊屠肉，潘妃酤酒。」蕭寶卷此時覺得做個尋常百姓也非常快樂。

南朝齊時，道教非常流行，蕭寶卷沉溺其中而不能自拔。他聽信趙鬼的建議，修建了勞芳、芳德、仙華、大興、含德、清曜、安壽等宮殿，又特別爲他寵愛的潘妃修建了神仙、永壽、玉壽三殿，四周都裝飾著金色的壁帶。其中玉壽殿中飛仙帳四周都垂掛繡綺，窗間繪有神仙、七賢，他們周圍都有美女侍奉在旁。蕭寶卷又用金子做成蓮花，貼在地上，讓潘妃在上面行走，說：「這真是步步生蓮。」

他將閱武堂改建成芳樂苑，在苑中種樹，有時朝種夕死，死而復種，結果仍無一存活。但是他仍然不死心，到百姓家中尋找各種奇樹異草，有時不惜拆毀牆屋。更爲可笑的是，他把山石都塗上了顏色，橫跨水池修建了紫閣諸樓，樓壁上繪有男女私褻的圖像。齊明帝搜刮來的金銀財寶，都被蕭寶卷糜費得差不多了。

蕭寶卷特別寵信蔣侯神，把他迎入宮中，晝夜爲自己祈禱。侍從朱光尙謊稱看見了神仙，蕭寶卷立刻任命他爲相國，又稱他爲靈帝，車服儀仗與王者相同。後蕭寶卷東遊，馬忽然受驚。他問朱光尙是怎麼回事，朱光尙說：「剛才我看見先帝非常生氣，似乎不贊成陛下出遊。」朱光尙本想借此阻止一下蕭寶卷的任性胡爲，沒想到蕭寶卷聽了以後勃然大怒，用菰草捆紮成明帝的樣子，然後將他斬首示眾。

當蕭衍率兵包圍建康，蕭寶卷製造了不少鬧劇。其中他在華光殿上構築軍事營壘，用金玉做鎧仗，親自臨陣，詐稱受傷，被抬下去，想靠這種方法厭勝解圍。更爲昏庸的是，大兵壓境，蕭寶卷卻仍然營建宮殿，晝夜不息，而且還準備誅殺那些指揮不力的大臣。在這種情況下，負責城內軍事的大臣王珍國、張稷懼怕身惹禍端，就與蕭衍裏應外合。蕭衍攻入建康，蕭寶卷被斬首，落個身首異處的下場。

蕭寶卷後被追封爲東昏侯。東昏侯這個稱號與他即位後的胡亂所爲真是名副其實。

殷商覆滅的撞鐘人
紂王淫暴之謎

紂王，又稱帝紂，子姓，帝乙少子。紂才思敏捷，武力超凡。但紂好酒淫樂，信寵妲己，重刑無辜，偏用奸臣，百姓離心。在牧野敗於周武王，自焚而亡。殷商亡。

就像自然科學中需要對物質定律的再認識，對歷史人物，我們也需要再認識。商紂王是中國古代暴君的典型，似乎已成定案。近年來，以暴君紂王爲題材的文學作品和電視劇將這個暴君的形象進一步放大誇張，商紂王儼然成了古代最恐怖的法西斯分子。然而，史實果真如此嗎？現在還難下定論。

《史記．殷本紀》謂紂王「重刑辟，有炮格（穴烙）之法」；「九侯女不憙淫，紂怒，殺之」；「脯鄂侯屍」，「剖比干，現其心」，讀之令人毛骨悚然。從此之後，歷代史家言暴君必數夏桀、商紂。魏晉時代，紂爲暴君說仍流傳，並出現許多離奇的情節。當時出籠而僞託西周太公望所做的兵書《六韜》和皇甫謐撰的《帝王世紀》，將暴君商紂王化爲殺人成癖、嗜血成性、以炮烙之刑爲樂的惡魔。至北魏酈道元爲《水經》做注，又增益新的說法。西晉永嘉之亂，《今文尚書》蕩然無存，至南朝梁武帝時，出現漢代孔安國所注《孔傳古文尚書》，又爲暴君說增添所謂商周時代的文獻依據。然而，真正的商周史料《今文尚書》之《商書》、《周書》諸篇中，均未見商紂王失道失國的罪狀，也無焚炙忠良、濫殺無辜、嗜血成性之類記載。

不過，也有人敢於冒天下之大不韙，替這個暴君說話。兩千多年前，孔子的學生子貢曾說：「紂之不善，不如是之甚也，是以君子惡居下流，天下之惡皆歸焉。」（《論語．子張》）就是說，紂的罪行並不像史書所言那樣厲害，只是後人把罪行都推在紂的身上而致。清朝李慈銘也言，紂王的顯著罪行，如殺比干、囚箕子、寵妲己、偏信崇優、拘押文王等，比起後世的暴君來，還算不得罪惡深重。現代歷史學家顧頡剛先生指出，現在傳說的紂惡是層累積疊地發展的，時代愈近，紂罪愈多，也愈不可信。顧頡剛爲此做了詳盡的考證，原來，紂王的淫暴是出於《封神演義》等小說的藝術加工。

到一九六〇年，郭沫若在《新建設》撰文《替殷紂王翻案》，以爲紂王其實是一個很有才能的人，他對古代中國的領土開拓有其貢獻，所謂「紂克東夷」，就是開拓淮河流域和長江流域。西周正是趁「紂克東夷」的機會東進滅商的。當我們讀到《史記．殷本紀》中紂的形象：「資辨捷疾，聞見甚敏，材力過人」，儼然是奴隸主中的英傑。紂曾平定東夷，開拓淮河流域和長江流域，促進北方文化向南方的傳播。對古代中國的統一和中華民族的發展有一定功勞。

後來甚至有人提出，紂王對中國社會發展有過重大貢獻，其地位在武丁、周武王之上，暴君的帽子是敵對派強加給他的。所謂罪惡的記載，多出於「寓言十九」的戰國及後人們的盡情誇大。翻案者認爲，要正確評價紂王，應當依據《尙書》，而《尙書》中所提出的六條罪狀無一屬實，乃周人爲達到宣傳目的所進行的人身攻擊。所謂酗酒，無非殷人本好酒，而紂酒量或許碰巧大些；所謂不用貴戚舊臣，是以紂王兄微子啓爲首的反對派，因喪權失勢而強加於紂王頭上；所謂濫用小人，是提拔奴隸小臣爲大夫卿相，這正是進步措施；所謂聽信婦言，其實是因爲商朝女性活躍，紂王后可能是一位女中豪傑，後世卻將其誤會成禍國殃民的紅顏禍水。

那麼，怎麼解釋商朝在紂統治時期亡國呢？原因很複雜，不應當由紂王一個人來負責。當時殷王族內部爆發了大分裂。帝乙把王位傳給了次子紂而不傳給長子微子啓，朝廷遂分兩派。微子啓一派不斷向紂發起進攻，他們進行了種種卑劣的活動，如造謠中傷、發動內訌、陰謀行刺、賣國求榮等等。再加上紂王力克東夷後，兵力損耗大半，未及休息訓練，而周武王乘機起兵伐商。這支軍隊經過長期準備，強悍而有組織，並有傑出領導，所以導致了牧野一戰商朝的徹底失敗。

商紂王到底是一個昏君，還是一名明君？是一個嗜血成性的暴君，還是一個精明強幹的皇帝？如何以一個客觀的態度去評價這個有爭議的人物，正是後人要做的工作。

「淫遍天下美色」
金海陵王之謎

完顏亮（一一二二～一一六一），金太祖孫，熙宗時任丞相，後殺熙宗自立。貞元元年（一一五三）遷都燕京，八年後大舉攻宋，完顏雍趁機在遼陽自立。攻宋時在採石慘敗，東至瓜洲被部將完顏元宣殺死。其生性狂放，貪嗜女色，曾有「淫遍天下美色」之言。

不少人在二十世紀八〇年代都曾廢寢忘食地聆聽過著名的評書《岳飛傳》，不僅從中瞭解到民族英雄岳飛的事蹟，還知道了當時有個女真族建立的金朝。但能有多少人知道金朝還有個著名的海陵王呢？

海陵王完顏亮是金太祖完顏阿骨打的孫子、完顏宗幹的第二個兒子。即位後，他不遺餘力地摧毀上京地區豪強舊勢力，遷都中京（今北京），進行了一連串改革，促進了女真社會的封建化過程。同時，他不忘祖先尚武的習俗，不廢騎射之事，卻禁止臣下在圍獵時擾亂百姓、妨礙農時，違禁者嚴懲不貸。

如果僅據上述事蹟推斷，海陵王彷彿頗具明主風範。不錯，海陵王在金朝歷史發展過程中佔有一席之地。但是讓人難以想像的是，他一生好色淫亂，淫女、奪人之妻之事不可勝數，其目的就是爲了「得天下美色而盡妻之」，這在中國古代歷史上卻也是不多見的。

貴妃定哥長得花容月貌，原是崇義節度使烏帶的妻子，早年曾與海陵王有私情。烏帶鎮守邊疆，每逢佳節或海陵王生辰，都派家奴葛魯、葛溫詣闕上壽，定哥也派侍婢貴哥前去問候。海陵王通過貴哥給定哥帶話：「自古天子就有兩個皇后的，能把你的丈夫幹掉跟著我嗎？」貴哥回去後，將海陵王的話告訴了定哥。定哥嘆道：「年輕時，君王太不老實了，做出了令人羞愧的事情。現在兒女都已經長大成人，怎能再像年輕時那般胡鬧！」

海陵王知道後，心生一計，派人對定哥說：「你不忍心幹掉你的丈夫，我將族滅你們全家。」定哥仍然不爲所動。

一次，烏帶喝醉了酒，海陵王授意葛魯、葛溫將他縊殺，卻貓哭老鼠假慈悲。烏帶下葬後不久，他就迫不及待地納定哥爲娘子，後進封爲貴妃，常與她一同乘車遊覽瑤池，其他妃嬪都徒步跟從。

麗妃石哥是定哥的妹妹、秘書監文的妻子。海陵王見她秀美，早已魂不守舍，想把她納到宮中。他對文的庶母按都瓜說道：「你一定要休掉你的兒媳婦，否則的話，我會採取別的行動。」

按都瓜把海陵王的話告訴了文，文心裏非常難過。按都瓜嘆息道：「皇上說要採取別的行動，就是要殺你，怎能因為一個妻子而招致殺身之禍呢？」夫妻二人擁抱在一起，痛哭而別。海陵王如願以償，但仍不滿足。他把文招至便殿，派石哥說些污言穢語來羞辱文，以此為笑謔。

昭妃阿里虎初嫁阿虎迭，生女重節。重節有羞花閉月之貌，海陵王禁不住內心的騷動，跟她在一起淫亂。阿里虎知道後，極為震怒，掌擊重節，惹得海陵王非常不高興。

大殺宗室後，海陵王把婦女們都釋放了，因為她們中不少人都有美色。他想把她們納入宮中，就派人對大臣蕭裕說：「朕的後代還不夠多，這些婦女中有朕的親戚，把他們納入宮中怎麼樣？」

蕭裕回答道：「最近大殺宗室，朝廷內外議論紛紛，為什麼還要做這種事情呢？」可是海陵王不達目的決不甘休，蕭裕也只好贊同。

可以說，海陵王為了滿足自己的淫欲，連自己的宗親都不放過。歷史上每位皇帝都有三宮六院，他們當中確實有不少人不滿足，但像海陵王這樣荒淫到令人髮指的地步的，卻是鳳毛麟角。根據文獻記載，當時宮人在外面有丈夫的，都要輪流出入侍奉海陵王。海陵王如果想臨幸哪位宮人，就把她的丈夫打發到上京去，而不讓她一同前往。他經常讓教坊樂工在宮中輪流值班，每當臨幸婦女，就讓樂工奏樂，並命人把幃帳撤掉，毫無遮蔽，有時還派人當面說些污言穢語，以此為樂。

女使辟懶在外面有丈夫，海陵王封她做縣君，想臨幸她。沒想到辟懶懷孕了，有妊娠反應，海陵王極端厭惡，讓她喝麝香水，親自揉打她的腹部，強行墮胎。辟懶苦苦哀求，希望海陵王能保全這個尚未出世的小生命，他不聽，最終還是把胎兒墮掉了。

海陵王荒淫無度，其原因固然包含著某種政治因素和社會習俗的影響，但他的所作所爲卻激化了內部矛盾，人爲地爲自己樹立了一個對立面，加速了自己的滅亡。

烏林答氏是完顏雍（**後來的金世宗**）的妻子。完顏雍爲金太祖的孫子，在海陵王深忌宗室的危險局勢下，他聽從烏林答氏的建議，多獻珍寶，來取悅海陵王，博得了海陵王恭順的讚譽。

完顏雍在外任職，烏林答氏始終跟隨在丈夫的身邊，夫妻恩愛，相敬如賓。然而海陵王對烏林答氏這位美人，早已垂涎三尺，久存霸佔之心。完顏雍任濟南尹時，海陵王擔心對他失控，就命令他把妻子送往中都燕京做人質。這樣，海陵王既可以控制完顏雍，又可以滿足自己的淫欲。烏林答氏思慮盤算，如果抗旨不去中都，完顏雍將因此遭殺身之禍；如果聽命前往，身心必然遭到海陵王的玷污。

在這種保持尊嚴和遭受恥辱的抉擇關頭，深明大義的烏林答氏決定捨命保夫。與完顏雍訣別後，烏林答氏上路了，在離中都只有七十里路的河北良鄉固節鎮，投湖自殺身亡。

海陵王的一紙淫令，給完顏雍這個美好的家庭帶來了極大的不幸。烏林答氏之死，成爲完顏雍儘快奪權稱帝的催化劑。海陵王自以爲可以爲所欲爲，但是最終卻沒能實現他「得天下絕色而盡妻之」的夢想，反而斷送了自己的性命。

西元一一六一年，他率兵南侵，準備吞滅南宋，統一中國。蓄勢已久的完顏雍乘機在遼陽發動叛亂，稱帝自立。同年十一月，海陵王所率大軍在採石磯被南宋虞允文擊敗，隨後他在揚州被軍將完顏元宜等殺死。已經稱帝的完顏雍想起海陵王對自己犯下的滔天罪行，將他降為海陵郡王，諡煬，但覺得還不足以出心頭惡氣，後來又把他降封為海陵庶人，史稱海陵王。

「美妃轉世」的荒唐

乾隆與和珅的關係之謎

和珅（一七五〇～一七九九），字致齋，清滿洲正紅旗人，生員出身，襲世職。乾隆時任軍機大臣，後官至文華殿大學士，封一等公。其略有文采，相貌英俊，善於察顏觀色，乾隆對其極為寵任。其執政二十餘年，植黨營私，招權納賄。嘉慶即位後，俟乾隆卒後，列二十款罪將其押入大牢，責令自殺，並抄沒家產。

和珅是乾隆朝第一權臣，結黨營私，弄權害政，吏治敗壞，貪污納賄，柄權在手達二十多年，他之所以能驕橫跋扈，自然是深受乾隆帝寵信所致。但是，乾隆帝並不昏庸，治國安邦剛毅老練，能對和珅的劣跡毫無察覺嗎？乾隆帝長期寵信和珅奧秘何在呢？

事情還得從乾隆頭一次提升和珅的前二十年說起。

原來，乾隆帝在二十來歲當太子的時候，進宮後，悄悄地與父皇雍正的一個妃子開玩笑，被母后發覺，懷疑這個美豔的女子調戲太子，賜此女自盡。乾隆帝又愧又悲，用手指在妃子頸上按手印，默默許諾：「是我害了你，魂如有靈，等二十年後再來與我相聚。」

乾隆中期，有一天，他到圓明園中去閒逛，發現隨從中一個唇紅齒白的美貌少年似曾相識，怎麼也想不起來在哪見過。回宮後忽然想到，這個少年與二十年前屈死的妃子極爲相似。於是密召少年入宮，反覆端詳，不但面貌相似，這個少年的頸上也有個痣，宛如手指的印記。乾隆信奉佛教，相信「生死輪迴」，他認定該少年就是那個妃子轉世，備加憐愛。經詢問，知道此人名叫和珅，是滿洲正紅旗出身，還是個官學生，頗通文墨，因此，乾隆立即把和珅提升爲宮中總管。

和珅驟升要職，自然十分感激，侍奉乾隆格外盡心。乾隆帝常令他跟在身邊，有問必答，句句稱旨，令乾隆十分滿意。和珅日受寵任，乾隆帝似乎日夜都少他不得，愛戀之深甚至比漢哀帝對男寵董賢都甚。乾隆帝似乎感到，對和珅寵愛一分，就能減輕一分對那位妃子的負罪感。在和珅身上多施恩惠，就等於是對那妃子的報答。

乾隆帝待和珅超過了一般妃子，無論到哪裡去，總要把和珅帶在身邊，有時晚上還讓他在御書房陪寢。正是有了這種異常的親密關係，和珅才直步青雲。

和珅從一名侍衛，升至戶部侍郎、軍機大臣，直到文華殿大學士，封一等公。他的弟弟和琳也沾了他的光，飛黃騰達，當上了兵部尚書。後來，乾隆帝還把自己的第十個女兒和孝公主嫁給了和珅的兒子豐紳殷德，和珅與乾隆帝成了兒女親家。在外人眼中，和珅一家與乾隆皇帝簡直就是一家人，對和珅誰敢說半個不字！

朝臣們都爭相趨炎附勢，巴結和珅。朝中大臣亦多是和珅黨羽。他勢盛一時，他的家奴為非作歹無人敢管。

直到乾隆晚年，和珅一直受寵不衰。乾隆六十年，乾隆帝要禪位給太子，自己稱太上皇，和珅大為吃驚，怕太子登極後自己要遭禍，便極力勸阻。以前，和珅怎麼說，乾隆便怎麼行，但這次卻堅執不從。乾隆帝對他說：「我這次決心已定，不用再多說了。我和你有緣分，所以能這樣長久相處。如果換別的人，恐怕就不許你這樣了。以後你檢點一些為好。」這話明擺著，他對和珅貪贓枉法、弄權害政的所作所為不是不知道，而是睜一隻眼閉一隻眼罷了，況且和珅並未威脅到他帝位的安全。

四年以後，乾隆帝以八十八歲高齡壽終正寢。他的兒子嘉慶帝立即宣布和珅有二十條大罪，將其逮捕入獄，並令其自盡。

和珅被抄家產數額之巨，令朝野上下大為吃驚。珍珠寶石不計其數，金銀數百萬兩，當鋪錢莊數十處，房屋上千間，良田上千頃，大車幾十輛……和珅確實是個巨貪。後人對此大加渲染，說和珅家財過八億多兩白銀，並語之曰：「和珅跌倒，嘉慶吃飽。」

三千宮女成冤魂

明成祖之謎

明成祖（一三六〇～一四二四）朱棣，明太祖朱元璋第四子，封燕王，建藩北平。建文帝削藩令其大怒，於建文元年（一三九九）七月，以「清君側」之名，起兵北平，四年後攻陷南京，建元永樂，稱帝。即位後五次親征漠北，七次遣鄭和下西洋，其文治武功，堪比其父。永樂二十二年（一四二四）七月，病死於北征途中。謚文帝，廟號太宗，後改廟號成祖。

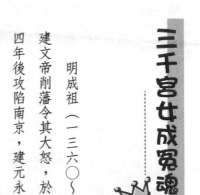

明成祖朱棣在歷史上很有作爲，但他又是一位性格固執、剛愎自用、猜忌多疑、殺人如麻的皇帝。永樂末年，他大肆屠殺宮女、宦官，在這次大慘案中，被殺的宮女有近三千人之多，爲明代後宮最大的一次慘案。如此濫殺宮女，許多人不明白明成祖此舉的用意何在。

其實，成祖殺戮宮女之事早在永樂年中期就曾發生過。事情還得從恭獻妃權氏說起。永樂初年，國家逐漸恢復強大。朱棣追求享樂主義，後宮美女漸多。永樂五年（西元一四〇七年），皇后徐氏病死，皇后一直沒有再立，王貴妃和賢妃權氏是他最寵愛的妃子。

權氏是一位選自朝鮮的美女，天姿國色，聰明過人，能歌善舞，尤其是善吹玉簫，成祖十分憐愛她。永樂八年（西元一四一〇年），成祖率大軍出征，特地帶權賢妃作為隨侍嬪妃宮女，隨軍出塞。沒有料到，這位獨得天寵的妃子，在大軍凱旋回宮時，死於臨城，葬在嶧縣。成祖傷心欲絕。

宮中兩名姓呂的朝鮮宮人與宦官相好之事恰好此時發生。本來，歷代宮中都有宮女與宦官結爲假夫妻，明代也有這種現象，宮中稱之爲「對食」，也稱某宮女爲某宦官的「菜戶」。因爲宮中有很多的宮女嬪妃，皇帝又不能一一寵愛，宦官雖然不能行夫妻之事，畢竟還是男性，宮女與之結爲「對食」，很多是出於生活上互相照顧和心理上尋求安慰的需要。明朝後期的皇帝對此類事，往往採取聽之任之的態度。明熹宗甚至還親自將宦官與宮女結爲對食的。大約在明成祖時，宮中還較少見這類事，而成祖喪失寵妃，心情不佳之時，恰恰發生兩個姓呂的朝鮮女子與宦官相好，竟釀成宮內慘禍。

起初，呂氏是朝鮮商賈的女兒，史載中稱「賈呂」，見到本國先期入宮的宮人呂氏，因爲都是朝鮮人，又是同姓，賈呂想與呂氏交往。誰料，呂氏對賈呂的爲人很是不屑，拒絕與她結好。賈呂一直心存不滿。不久，成祖賢妃權氏死於北征凱旋回師途中，呂氏曾隨軍侍候過賢妃，於是賈呂誣告賢妃是被呂氏在茶裏下了毒藥而死的，明成祖朱棣心情悲傷難過之時，聞後大怒，沒有細查，誅殺呂氏及有關的數百宮女、宦官。

永樂十八年（西元一四二〇年），成祖獨得天寵、準備立為皇后的王貴妃也死去，成祖再一次經歷喪失寵妃的傷痛。賈呂與宮人魚氏私下與小宦結好之事又在此時發生了。成祖甚為惱火，雷霆大發。賈呂和魚氏懼禍，便上吊自殺。成祖竟以此為由，親自刑審賈呂侍婢，不料卻查出這一班宮女要謀殺皇帝的口供。朱棣極為惱怒，親自下手對宮女們動用酷刑，其中受株連被誅殺的宮女近二千八百名。而且成祖每次親臨施刑，有宮人臨刑時當面斥罵成祖：「你自己年老陽衰，宮人與小宦官相好，有什麼罪過！」朱棣讓畫工畫了一張賈呂與小宦官相抱的圖，羞辱宮人，同時更加大肆屠殺。據《李朝實錄》記載，當宮中宮人被慘殺之時，適有宮殿被雷電擊震，宮中的人都很高興，以為朱棣會因害怕報應而停止殺人，可是朱棣依舊如故，絲毫「不以為戒，恣行誅戮，無異平日」。

兩次屠殺事件，被誅的宮女及宦官達三千人之多。有的學者認為，明成祖如此殘殺宮人，可能因他晚年所患疾病所致，據說：「明成祖晚年患疾病，容易狂怒，發作難以控制，甚至歇斯底里，他本人殘忍好殺，又添上晚年的疾病，就更加狂暴異常。」至於他患了什麼病，官修《明史》及《實錄》只說他晚年容易發怒，這究竟是一種什麼病，發病的誘因是什麼，歷史上已找不到相關的記載了。

「無日不治宮室」隋煬帝大興土木之謎

隋煬帝在位僅僅十二年，從他即位起，為了創造眾多的遊玩場所，修治宮室成了隋煬帝的一項重要政事之一。史書上說他「無日不治宮室」。在隋朝的京師長安和東都洛陽，本來就有許多苑囿宮殿，後來在洛陽又增修了富麗堂皇的顯仁宮和廣闊的西苑。可他久而益厭，每次遊幸總是左顧右盼，沒有中意的地方可去。他讓手下準備了許多天下山川的地圖，親自觀看，在普天之下尋找修宮室的理想之地。

大業元年（六〇五）五月，隋煬帝在東京洛陽西郊建造了大花園西苑。西苑周圍兩百里，苑內挖了人工湖，名曰積翠池，周圍十餘里，池中蓬萊、方丈、瀛州三座山，三座山各相距三百步，高出水面十餘丈。在山上山下建築迴廊和各式亭台樓閣。積翠池的北岸有龍鱗渠，迂迴曲折流入池裏。

沿龍鱗渠建築了長春、永樂、延樂、明修、合香、承華、凝暉、麗景、飛英、流芳、耀儀、結綺、百福、萬善、清暑等十六院，每院由一位四品夫人管理。在各個院內，一年四季花木常青，秋冬草木凋謝以後，則剪錦彩為花葉。為了防止錦彩退色，同時要調換新花，保持春夏秋冬都有供玩賞的景物。隋煬帝喜好夜遊，經常在月夜攜帶宮女數千人遊西苑，令宮女在馬上表演弦歌達旦。

隋煬帝的後宮除了蕭皇后和眾多的貴人、美人、在西苑的十六院夫人及宮女數千人，還命江淮諸郡每年挑選資質端麗的童女送入宮中。無論是在兩都宮苑中，還是在巡遊的路上，煬帝都要攜帶她們尋歡作樂。經常以僧、尼、道士、女官自隨，稱作四道場。每日罷朝，盛陳酒饌，使燕王楊倓（煬帝子）與寵臣蕭鉅、宇文晶和隋文帝的嬪妃為一席，僧、尼、道士、女官為一席，煬帝與諸寵姬為一席。酒酣時，互相勸酒戲笑，以至於互相淫亂，鬧得烏煙瘴氣。只有這種荒淫無度的生活才能使煬帝精神倍增，沉浸在無窮的樂趣之中。

從地理位置上看，隋都長安地偏西北，政令不易遠達四境，尤其是對東方的控制鞭長莫及。而洛陽古號中州，地處全國中心，可以控制山東，威服江南。從經濟上看，長安所在地關中物產有限，各地物資供應長安，漕運艱難，耗費鉅資。而洛陽則四通八達，既可順流而下轉運關中物資，又可避過黃河天險籠絡山東、江淮一帶的物產。網羅天下財富，洛陽可以說是最理想之地。

再者，煬帝繼承的是隋文帝勵精圖治二十年所積累的豐厚遺產，人口由四百萬戶增加到八百多萬戶，耕地面積由一千九百多萬頃增加到五千五百多萬頃。由於物資充積，政府的倉庫容納不下，每個倉庫的糧食動輒以數萬石、數百萬石計算，布帛以數千萬匹為數。文帝末年，天下儲積可供五十年。這些豐厚的府庫餘財，使營建東都有足夠的物質財富的支持。

東都的營建工作，歷時一年，到大業二年完成。

營建中，每月役使丁夫兩百萬人，規模浩大，工程嚴急，役丁因勞役而死者十之四五，載屍車相望於道。江南諸州往東京送大木，千里不絕。經過約一年時間，到大業二年（六〇六）初建成。並命洛州居民及諸州富商大賈數萬遷居新都。東京城周長五十五里，建制仿西京長安，城分宮城、皇城及外郭城三重。

宮城是宮藏所在處，皇城是文武官司所在處，外郭城就是大城或稱羅城，是官吏私宅和百姓所在處。外郭城在洛水以南有九十六坊，以北有三十六坊，並設置東、南、北三市。在東都西面還建有西苑，周長兩百里，苑中有海，海中建蓬萊等三山，堂殿樓觀，窮極華麗。

同時，煬帝還令宇文愷、封德彝等營建顯仁宮。發大江以南、五嶺以北奇材異石，運抵洛陽；又求海內嘉木異草，珍禽奇獸，以實園苑。為保證東京的供應，大業二年（六〇六），煬帝下令在東京附近新置了興洛及回洛兩個大糧倉，儲糧幾十萬石。建成後的東都，不但具有重要戰略意義，而且成為全國除西京長安外又一政治、經濟、文化中心及南北交通的樞紐，和長安並稱二都。

洛陽兩京及江都宮殿已經很多，大業元年（六〇五）春，又命揚州總管長史王弘於揚子（今江蘇儀征東南）造臨江宮，渭南（今陝西）造崇業宮，臨淮（今安徽）造都梁宮，涿郡（今河北涿縣）造臨朔宮，太原造晉陽宮等等。大業四年（六〇八）四月，命於汾州（今山西汾陽）之北營建汾陽宮。

隋煬帝在位期間，大興土木，每項工程都迫使數十萬至數百萬人從事無償勞役，有些工程如開鑿運河有積極意義，但濫用民力，嚴重破壞生產，再加征斂苛虐，兵役繁重，人民受到深重災難。從大業七年（六一一）起各地農民不斷起義，隋朝迅速土崩瓦解。

越獄風雲

白骨鋪就的仕途

「文字獄」之謎

文字獄，指反動統治者為了防止和鎮壓知識份子的反抗，往往故意從作品中斷章取義，羅織罪名，構成冤獄。在中國歷史上，文字獄現象極為多見，如秦始皇、朱元璋等均製造過駭人聽聞的文字獄冤案。龔自珍曾云：「避席畏聞文字獄，著書都為稻粱謀。」

宋朝的徽宗皇帝趙佶生性風流倜儻，皇宮中的三千粉黛也無法滿足他的私欲，他常常化妝出宮，到井市民間去擄掠良家女子。在一個偶然的機會，他在京城的一家妓院發現了絕色美女李師師，李師師千嬌百媚的容姿令趙佶魂不守舍，他一而再、再而三地與李師師連續私會。徽宗皇帝的風流韻事被李師師的前夫賈奕知道後，心中不免酸溜溜的，便提筆寫了一首詩以泄心中塊壘：

「閒步小樓前，見個佳人貌類仙。暗想聖情渾似夢，追歡，執手蘭房恣意憐。一夜說盟言，滿掬沉檀噴瑞煙。報導早朝歸去晚，回鑾，留下鮫綃當宿錢。」

趙佶讀罷此詩，不由龍顏大怒。皇帝私下嫖妓畢竟是有礙皇威的事情，賈奕卻在詩中隱喻趙佶與李師師苟合，這還了得，趙佶一道聖諭，罷了賈奕的官，並把他放逐到了荒蠻艱苦的瓊州。

上面這段史實，便是一個典型的文字獄事件。文字獄其實就是因文字的緣故而被羅織罪名，被判犯罪，文字獄是中國封建時代的產物。封建王朝的執政者們握有天下所有人的生殺大權，他們只允許百姓順從臣服，不允許有一絲一毫觸及其利益的舉動，縱然是寫字做詩，也只能為君王歌功頌德。向上面所講的故事中，皇帝做了嫖妓這等令人不齒的醜事，卻不允許別人暗示一下，這是何等的不公平。

在那種社會制度下，皇帝的喜怒便是國家的法律，皇帝永遠是正確的、不容違背的。文字獄是伴隨著君王制度的興亡而存在的。早在周朝時，便有了周厲王處罰文字罪的記載，明朝更是中國文字獄史上極為猖獗的時期。到了清朝，因清朝是少數民族入主中原的時代，他們得知漢儒文化的博大精深，他們恐懼漢地百姓會視他們為蠻野之人，故而更是舉起了文字獄的大棒，僅清朝二百年間，便製造了一百多起文字獄冤案，形成了中國文字獄史上最黑暗、最野蠻、最殘酷的一幕。

因文章、詩句或奏章得罪了皇帝，皇帝的懲罰是極為嚴厲的，像賈奕僅被罷官、放逐偏隅，已是萬幸的了。明太祖朱元璋在胡惟庸和藍玉的案件中，被牽連遭受凌遲、腰斬的人，足有五萬之眾，無數家庭被誅九族，其情其景令人不忍目睹。朱元璋大興文字獄的做法，使得天下黎民人人自危，不知何時會有莫須有的罪名加在自己頭上。而文人志士們也無心求取功名，不願入朝爲仕。京官們更是心神俱驚，每日上朝前都要與家人訣別，不知自己還能不能活著走下朝堂。

文字的出現和廣泛使用，本應是社會文明與進步的重要標誌，而在中國漫長的封建社會中，文字卻給無數無辜的人帶來了災難與死亡。在那個時代，文字獄已經成了帝王權臣打擊異己和維護自己的統治的利器，在一樁樁文字獄冤案的背後，我們看清了封建王朝血腥的、殘忍的、猙獰的醜惡面目。

封建帝制的縮影——監獄之謎

在山西洪洞縣城內，有一座六百多年前修建的明代監獄，是我國至今保存下來的最完整的監獄。相傳，京劇《玉堂春》中的名妓蘇三蒙冤落難，逢夫遇救的故事就發生在這個監獄。對許多好奇的人來說，洪洞監獄就像許多承載著中國傳統文化的建築一樣，籠罩著一層神秘的面紗。

其實，從外觀上看，洪洞監獄很平凡和氣，如同我國古代監獄中常見的富戶宅院。擁有花窗裝飾的紅牆，卷棚頂式的大門，精巧美觀。這座監獄並不怎麼大，院內開闊平坦，帶有迴廊的正房和兩側的廂房排列整齊，這裡顯然是監管人員的辦公處所。到了右面的監區，才使人感到他的不同之處。

監獄分「普通監獄」與「死囚牢」兩種。普通監獄是關押一般犯人的。最初收監，蘇三就被扣押在這裡。房門低矮，門坎結實，窗戶很小，似一小塊豆腐，豎著幾根粗粗的窗櫺，只留下幾道小縫。除此之外，與一般住宅並沒有什麼區別。從小小的牢窗往裏看去，裏邊陰森森、黑洞洞的，從早到晚陽光都無法照射進來。監內除一個土炕外，別無他物。炕也很小，即使一點五米的小個子也無法躺下，只有蜷縮成一團，才能睡覺。過去常聽「坐監」一說，大概就是這個意思。

進入普通牢房，必須穿過一條狹而長的「胡同」。胡同寬不過五尺，並排過兩個人都有點困難。胡同兩壁，滑直無攀，上面蓋著鐵絲大網，繫著響銅鈴鐺，真可謂名符其實的「天羅地網」。「胡同」、短炕、低門、小窗、鐵網、鈴鐺……這些奇特的構想，是專門爲監獄設計的，可見當時費了不少腦筋。

現在看看關押過蘇三的死囚牢。死囚牢在普通監獄的南盡頭，那裏矗立著一堵厚厚的高牆，不到跟前，是絕不會相信還有別的去處的。只有到了大牆根，才發現往左再拐個直角，迎面的牆上畫一個齜牙咧嘴的大「虎頭」，下面有一低矮狹小的門洞，恰似虎口。這就是被稱作「虎頭牢」的「死囚牢」了。犯人被判處死刑之後，在等候上方批示和開刀問斬之前，就扣押在這裡。當年蘇三主要是在這裡坐監。

死囚門上畫的「虎頭」，其實並不是真正的虎頭，而是一種傳說中的兇猛動物——狴犴。狴犴是什麼動物？爲什麼畫在監門之上？這裡有個典故，相傳龍王生育了九子，但不全是龍子，老四叫狴犴，外形和老虎有幾分相像，氣勢自然洶洶，所以人們就把它立於獄門旁，以示法律的威嚴。明代時，因爲獄門上常繪狴犴頭像，故而把狴犴作爲牢獄的代稱。由於狴犴「形似虎」，便被後人誤認爲是虎頭，這樣以訛傳訛，長此傳來，就以假成真了。

死囚牢的院子，不及四分之一籃球場大，院內有一小井，上面蓋一塊尺餘厚、二尺見方的大青石，中央鑿得碗口大的一小孔，是爲井口，人頭從這個井口是鑽不下去的。這井口有何作用呢？是爲防止犯人投井自殺而專門設計的。因爲年代久遠，井口周圍被繩索拉磨出許多深深的痕印。因傳蘇三曾在這裡打過水，洗過衣服，後人又稱「蘇三井」。

牢門對面，還有一個略大於狗洞的窟窿，人完全可以鑽過，這是幹什麼的呢？原來這是「死囚洞」，俗稱「老虎屁股」。犯人如果被囚死在監獄裡，是不允許從監獄的大門往外抬的，只能從這個洞裡拖出去。洞旁還有一獄神小廟，可能是看守者欲借神力震攝犯人，同時也昭示犯人被囚於此乃天意，只有老老實實地聽天由命。

單從洪洞監獄所承載的文化符號，我們就可以知道它具有多麼重要的學術價值了。作爲封建社會衙門制度的一個縮影，它爲我們後來人講述了那些年代久遠、鮮爲人知的往事。

刑罰的極致

死刑的產生之謎

死刑，是剝奪犯罪者生命的刑罰。中國古代的刑罰手段很多，古書中多有記載。《書．大禹謨》：「刑期於無刑。」《國策．趙策》曰：「自刑以變其容。」刑罰起源於遙遠的原始社會還是奴隸社會，仍未定論。

刑罰，作爲政治力量控制管理國家的極端手段之一的存在是必要的。各國刑罰不一，但是大部分國家都有一個古老的刑罰：死刑。這種剝奪犯罪者生命的刑罰又稱生命刑、極刑。據法學家們研究，我國古代的死刑種類很多，而且名目繁多，例如有戮、炮烙、脯、磔、烹、焚、車裂、體解、斬、梟首、棄市、定殺、絞、賜死、凌遲、族誅，等等，他們的共同點就是手段極爲殘酷，令人髮指。那麼，死刑究竟是源於什麼時候呢？是在原始社會的虞舜時代就有了，還是到了奴隸社會的夏朝出現了真正的國家才制定了死刑呢？法學界對於這個問題的爭論迄今仍在進行。

有的學者認爲，在原始社會的各部落的爭鬥中，經常對敵對的異族人和俘虜施加刑戮，這種虐殺的手段已經初步具有「刑戮」、「罰罪」的含義了。所以，如果把死刑定義爲用刑剝奪罪犯的生命，那麼我國在原始社會就已經產生了死刑。持這一觀點的學者一般將死刑產生的年代定爲虞舜時代。

死刑屬於「五刑」之一。我國古代就已經把法律中規定的五種刑罰通稱爲「五刑」，並且把它分爲早期「五刑」和後期「五刑」，前者指墨、剕、宮、劓、大辟，後者爲笞、杖、徒、流、死。史籍《尚書·舜典》有著關於早期「五刑」的最早記載，舜向身爲士（相當於今天的司法部長）的皋陶建議對侵擾中原的蠻夷外族施以「五刑」，以便馴服他們。並且相傳生活在舜、禹執政時期的皋陶（又名咎陶、咎繇）就是「五刑」的創始人，同時，他也是我國上古時代第一個有創見的法學家、法官的鼻祖。

但是有人對於這一觀點中「五刑」的內涵持有異議，他們認爲舜禹時的「五刑」是鞭、撲、金、流、賊，而非墨、剕、宮、劓、大辟。但是《尚書·呂刑篇》的記載表明，三苗的統治者不是用對神的敬仰或者巫術來作爲統治手段，而是用刑罰來遏制民眾的反抗，以致殘殺無辜百姓。這一點法學界得到絕大多數人的認可。所以他們認爲，「五刑」起源於原始社會末期，並且是由苗族人創立的。

以上分析表明，雖然對於「五刑」說法不一，但是每類「五刑」中皆缺不了死刑，只是名稱不同而已，或曰大辟，或曰賊刑，並且各種「五刑」出現的年代都相差不遠，所以許多法制史研究者據此認爲，我國虞舜時代已經出現了死刑。另外，據《商君書．畫策》的記載，黃帝時已經施行刀鋸的刑罰。而《尙書．皋陶謨》記載的是五帝時便有「有邦」、「兢兢」、「業業」、「一日」、「二日」五種死刑。「有邦」相當於後來的火刑，「兢兢」指將犯人用矛鏢刺穿喉嚨而死，「業業」是將犯人身上肌肉割碎，也就是我們常說的「千刀萬剮」。「一日」即將犯人縛在木架上砍下四肢和頭，「二日」是將犯人縛在木架上慢慢受盡折磨死去。

對於死刑還有很多有趣的研究。著名研究法學家蔡樞衡教授著有學術價値頗高的《中國刑法史》一書，其研究角度非常獨特，是從音韻學、考據學的角度進行研究的。他認爲原始社會民風淳樸，人性善良，容易教化，因此虞舜時代用撲扶和放逐懲罰犯罪行爲即可，當時並沒有死刑和肉刑。如《商君書．畫策》云：「神農之世，刑政不用而治。」《路史．前紀》卷八祝通氏：「刑罰未施而民化。」這裏所謂刑罰，並不是現在所說的刑罰的意義，僅僅是指死刑和肉刑。

另外，有的學者認爲雖然原始社會存在「死刑」的稱謂，但是就內容而言，原始社會的所謂「死刑」根本不能算死刑，其意義只是各族間復仇的一種手段，也叫血族復仇，只用於異族，卻不用於同族，不能算作一種刑罰。原始社會，對氏族或部落中任何一個成員的侵犯均被視爲對本氏族或部落的侵犯，血族復仇是指有成員受到外來的凌辱和傷害的某一氏族或部落的全體成員對侵犯者所屬的氏族或部落進行集體報復。死刑與血族復仇雖然頗有淵源，或者死刑是由血族復仇轉化而來的，但血族復仇並不代表真正的死刑。

支持這種觀點的學者將死刑作爲刑法的組成部分，而刑法只有在階級、國家出現以後才可能產生，儘管夏朝建立之前也有用刑殺人的事情，但是原始社會時期，國家都還沒有形成，更不會存在刑法體系，也就無所謂死刑了。故而從夏朝開始，國家的建立和刑法體系的出現並逐步完善，才有了真正的可稱得上刑的「刑殺」。這一點也是有歷史根據的，如《韓非子．飾邪篇》上寫到夏禹在會稽召見各諸侯的君主，防風君因爲遲到而被處以死刑。現在留存的可能是最早的刑法體系文本的「夏刑三千條」，就是夏朝在司法實踐中歸納出的一些罪名彙成，其中包括「大辟二百」。

死刑作爲法律懲罰手段之一，它的起源的研究是離不開法律的起源問題的研究的，二者應是相輔相成的。而學術界對於有關我國法律的起源問題仍在進行激烈的爭論，關鍵是判斷法律是否只有到國家出現之後才有可能產生。

關於這一點，著名學者薛其暉認爲，原始社會的末期唐虞時代，即虞舜時代，儘管當時國家還未形成，但由於生產力的發展出現了私有制，階級的劃分也逐漸形成，爲了維護社會秩序，在習慣的基礎上，已經出現了一些強制性的規範，這可以說是中國歷史上最早的法律了。與此同時，作爲懲處手段的刑罰也產生了，並且大致可分爲肉刑、流刑、死刑等三種。根據古籍《堯典》中「五服三就」的記載，我們可以知道，當時對於不同的人、不同的罪行已經採取了施用不同的刑罰的做法。由此看來，原始社會的法令規制是相當嚴格的。

慘無人道的酷刑

「五馬分屍」之謎

商鞅（約前三九〇～前三三八），戰國時政治家，衛國人，名鞅，故亦稱衛鞅。入秦後事秦孝公，推行變法，主張廢除貴族世襲特權、廢除井田制、獎勵耕織等治國舉措。其主張為秦國富強奠定了基礎。因變法觸及了一部分人的利益，其被誣謀反，遭五馬分屍酷刑而亡。

對於開創中國改革先河的「商鞅變法」，是大家都非常熟悉的一段歷史。史書都普遍記載：戰國中期在秦孝公支持下，著名政治家商鞅在秦國力行變法，爲秦國的強盛立下了汗馬功勞，但由於變法觸犯了利益階級的既得利益，遭到保守勢力的一致反對。孝公死後，舊貴族群起反抗，誣告商鞅謀反，秦惠王不明就裏，信以爲真，對商鞅處以「車裂」之刑。

「車裂」一般來說往往被解釋爲「五馬分屍」，這在很多歷史著作中都可以看到這樣的解釋。但是，近年來，這一解釋受到了一些學者的抨擊，他們否定中國古代有「五馬分屍」這一刑罰的說法。那麼，我國古代究竟有沒有「五馬分屍」的酷刑呢？下面我們嘗試著對此進行分析解釋。

現在大部分的史書或相關資料都認爲「五馬分屍」是古代車裂、轘裂、磔等酷刑的俗稱。許多人肯定在我國古代確實存在「五馬分屍」的酷刑。他們認爲據史料記載分析，車裂、轘、磔等的執行方法，是將受刑人的頭和四肢分別綁在五輛馬車上面，以馬駕車，使馬車朝不同的方向奔跑，將犯人曳裂致死，這是我國古代十分殘酷的死刑，又由於是用五輛馬車將人體撕裂，故俗稱「五馬分屍」。

這種慘無人道的酷刑一般專用在鎮壓謀反、叛亂中懲治大逆不道之人，以做到殺一儆百的效果，而在階級矛盾特別尖銳的朝代，這一酷刑更是廣泛被使用。

據《左傳》的一些記載說明，早在周代我國就出現了這一殘酷的刑罰。並且被後來的各個朝代沿用，隋朝曾一度廢止，但是不久又將這一刑罰恢復，直到唐代以後基本消除，所以後來關於這一刑罰的史料記載就比較少了，我們現在看到的只有《遼史・刑法志》上還寫有對淫亂不軌的人處以車裂之刑。

與此同時，很多史料還記載了被這種殘酷刑罰處死的不少歷史人物。除了本文開頭所舉商鞅之外，被載於史書的還不乏其人。戰國末起兵叛秦的宦官嫪毒；秦末率眾起義，後來又帶領軍隊向秦國投降的起義軍將領宋留；東漢末黃巾起義組織者之一馬元義，因被叛徒唐周告密最後被捕處以極刑；隋朝乘民變之機起兵反叛的禮部尚書楊玄感……因此，「五馬分屍」之刑，在中國的古代確實是存在的。

這一觀點表面看來是言之鑿鑿，確實如此，但是似乎經不起反覆的推敲與琢磨。其中最明顯的一點是歷代刑法志和有關史籍中都沒有出現「五馬分屍」這一名詞，那麼，我們憑什麼就判定它是「車裂」、「轘」、「磔」的俗稱呢？如果說從行刑方法上來推斷的話，除了《釋名．釋表制》中有車裂等刑的施行方法是「肢體分散也」一說之外，其他的史料上似乎並沒有類似的解釋，僅憑這一點，我們恐怕不能將這些刑罰就解釋為用五輛馬車分裂人體。並且有的朝代（如秦代）將車裂與磔刑在表述中單獨列出，以示有所區別，那麼我們根據什麼可以認定它們屬於同一刑名，而且都有「五馬分屍」的俗稱呢？這一點似乎很難解釋。

對此，有的學者提出過不同意見和解釋。喬偉先生所著《中國刑法史稿》就將車裂和磔分而述之，並且對他們的區別做了新的解釋。他認為車裂又稱體解，是分裂已被處死犯人的肢體的一種酷刑；而磔轘，是用分裂肢體的方法將犯人處死，也就是說，是不是死後分屍，兩者的區別是顯而易見的。如果照喬先生的觀點看來，車裂和磔雖然都有分屍之意，但是從關於兩者的解釋中，我們似乎都無法把它們與五馬分屍聯繫起來，所以，這一解釋只是對車裂和磔的區別進行了闡述，而對於我們的疑問：古代究竟有沒有「五馬分屍」之刑仍然沒有解答。

譚世保先生認為，「車裂」並不是「五馬分屍」，而是用刀斧來肢解敵人和罪犯的屍體。

譚先生做出這一結論有下述幾點理由：首先，古代經典字書中關於車裂等刑罰的解釋，都沒有將其解釋爲五馬分屍。許慎在《說文解字》中根據對字的拆析認爲：「轘」是用車撕裂人體。而斬是截的意思，並且斬字由車和斤組成，乃是用車截斷的做法。此外，在《爾雅．釋詁》中又可看到：「劉、獮、斬、刺，殺也。」所以說，車裂、轘與斬、截、刺、殺等是相同刑罰的不同說法而已。

史書《秦始皇本紀》中關於嫪毐所處極刑的描述是這樣的：「盡得（嫪）毐等……二十人皆梟首，車裂以殉。」這說明他們是先被斬首，而後才被車裂的，並不是只是用車裂來處死，如果是這樣的話，那就更加可以證明車裂不是五馬分屍，因爲無頭之屍，怎麼可以再用五馬分之？而且早期經、史、子、書包括《商君書》中都沒有出現車裂一詞，直到戰國以後的一些著述中才有這一詞語，所以可以推斷它不過是較晚時期流行於某些地區的方言俗語，而並沒有這一種刑罰。

所以，很可能是由於各種史料經過千百年的流傳和修改，難免會出現誤差，從而誤導了後人。就拿車裂來說，按古書，它是與斬同義的，而斬字的車字旁可能是字體演變過程中造成的訛誤，那麼可以推斷，車裂之車字也大概是誤傳，並不是馬車之意，而究竟原意是什麼，恐怕是無法得知了。由此可見，所謂車裂與五馬分屍毫無關係。

那麼，爲什麼「五馬分屍」這一說法會形成並且流傳至今呢？這裏大概有兩個重要的原因。一是漢景帝改革刑法後，使車裂、磔等成爲特殊刑例，從而掩蓋了以前死刑的真相，而後來又有人妄改古書，如《太平御覽》將《南燕錄》中的「車裂嵩於東門之外」一句改爲「五車裂之」，而現行中華書局影印以訛傳訛寫成了「以五車裂之」；二是由於某些古典小說中關於此中刑罰的錯誤描寫傳播了這種誤解，如《東周列國志》第八十九回有商鞅被「五牛分屍」之說，這可能是造成將商鞅說成是「五馬分屍」的一個原因。

歷史的確留給了我們無盡的財富，也留下了不可勝數的謎團。現代學者對於刑罰的研究論述都有其依據，但是細細推敲又都存在破綻，並不能出現一個統一的爲眾人所接受的觀點。或許，要解決「五馬分屍」一詞之謎，還有待於後來的學者進一步的研究和探討了。等到我們尋找到關於這一詞的確切的史料記錄和解釋時，這一謎團也就迎刃而解了。

對神靈的敬畏

原始人自殘之謎

在對我國原始社會的一些氏族墓地的發掘中，經常發現有些骨架是缺失手指或腳趾的，而有些手指或腳趾卻被放置在墓裏隨葬的陶器中。研究表明，這種奇特的現象決非屍體埋葬後由於小動物的擾亂或挖掘時考古工作者不慎所造成，而是五千年以前曾經流行過的葬俗，考古界一般稱之為「割體葬儀」。

爲什麼會出現這種葬俗？學術界對此眾說紛紜，莫衷一是。

學者在對著名的考古重點地帶陝西西安半坡遺址進行挖掘時發現，這個遺址的墓地中，有些墓葬的骨架沒有手指或腳趾，而在隨葬的陶缽或填土中卻發現了死者所缺少的指骨，這就是我國新石器時代的「割體葬儀」的墳墓。考古學家非常重視這種現象。因爲從後來連續的考察來看，雖然原始社會遺址所涉地域十分遼闊，但是大部分遺址中都有存在這一現象的古墓，如在臨潼薑寨以及甘肅永昌鴛鴦池、青海樂都柳灣、河南洛陽矬李、黑龍江密山新開流、福建閩侯曇石山等遺址中都發現了明顯的「割體葬儀」現象，可見這種葬俗分佈之廣泛。而實際上，這種葬俗不僅空間分佈廣泛，時間跨度也很大，至今發現這種奇特葬俗的新石器時代遺址延續的時間至少有兩千多年。

其實這一奇特的葬俗不僅僅是我國獨有的，通過對中外民族學調查材料來看，還可以在地球上的其他地方發現這種葬俗的遺風。我們不妨將眼光放到全球。

據史料記載，大洋洲上的塔斯馬尼亞人，在埋葬死者的時候，部落裏的寡婦們在頭上塗上灰泥，在臉上搽上油脂和炭末，然後在葬禮上用貝殼劃破自己的身體、燒傷自己的大腿，並割下自己的頭髮扔在墓上，以此表示對死者深深的哀悼；而在葬禮上作爲死者的子女要割破自己的前額，如果是寡婦和鰥夫則用鋒利的貝殼剃頭，這是日本北部的蝦夷人的做法；生活在大洋彼岸的美國西部草原的喀羅人，參加葬禮的本氏族成員需要割掉自己的手指、割破大腿、撕破手腕、戳破頭皮，使每個人全身鮮血淋漓；類似的現象還有很多，不一而足。但是這些現象，顯然只是死者的親屬自殘身體以示哀悼並非去切割死者的肢體，但是很多人認爲，它依然是與「割體葬儀」有關的。因爲在新石器時代墓葬中發現「割體葬儀」者，隨葬的手指、腳趾，甚至腿骨，也並不一定都是死者本人的骨架缺失部分。但是對此持反對態度的學者認爲：「割體葬儀」僅是死者本氏族成員及親屬通過對死者進行斷指、斷趾或砍傷手足這一做法，以避免死者的「靈魂」返回人間「作祟」，當然他們堅持這一點並不是憑空想像，而是有許多民族學的調查資料可以證明。

近百年來，原始社會這種在葬禮中傷殘肢體的習俗，一直都是國內外不少歷史學家、考古學家、人類學家和民族學家研究的重要內容之一。雖然學者們的看法不盡相同，但是，他們都贊成一點，那就是他們都認爲原始氏族社會的人們信仰超自然的力量，「萬物有靈」、「靈魂不滅」的觀念普遍存在於世界各地，不同形式的祭祀活動在溝通人與「鬼神」之間、生者與死者之間的關係等方面起著重要作用。而無論是傷殘死者的肢體或死者的親屬自我傷殘的「割體葬儀」，都是出於對「神靈」的敬畏而進行的一種儀式。

目前，考古界大致有三種關於原始社會的「割體葬儀」的看法。下面讓我們來看看不同的專家對於這一古老而神秘的儀式的觀點吧。

一種觀點是前面已經提到的，他們認爲「割體葬儀」的目的，是以防止其「靈魂」的「惡煞」返回危害其親屬因而傷殘死者屍體。所以在埋葬死去的氏族成員或親屬時，有意識地割裂屍體的某一部位，並將其分別埋葬或保存。但是如果生前因種種原因而肢體被砍割，然後以殘體入葬的現象一律不得視作「割體葬儀」。

另一種意見則與第一種觀點完全相反，他們認爲，「割體葬儀」是生者傷殘自身肌體以祭祀死者，這樣的做法有多個目的，首先，這是作爲一個祭祀的禮儀，真誠地哀悼死者，並且讓逝去的人知道生者對他（她）的思念，同時使生者與死者繼續保持體質上的血肉聯繫。其次，他們還是懼怕死者的靈魂回來的，所以通過這個儀式除去污穢，緩和靈魂的哀痛憤怒，用以減少恐懼心理，而且他們相信這樣可以使死者得到生者血的扶助，以加強到另一個世界去的力量和智慧。

第三種觀點，則將前兩種觀點加以綜合，融會貫通，他們認為數千年流行的「割體」應包括傷殘屍體以「避邪」和傷殘自身以「獻祭」這兩個部分。他們的這一觀點得到迄今各地考古發掘的大部分資料的支持，很多已經發掘的古墓中，「割體葬儀」確實含有「切割屍體」和生者自殘兩方面的內容。但是前兩種觀點的持有者仍然不能認同其他方的觀點，所以目前，對這種奇特的葬俗還沒有取得一致的看法，也許有待進一步的歷史考古與發掘的認證。

荼毒女性的刑罰——「幽閉」之謎

幽閉，中國古代斷絕婦女生殖機能的宮刑。《書．呂刑》曾云：「宮辟疑赦。」《孔傳》也曰：「宮，淫刑也……婦女幽閉，次死之刑。」

中國封建時代的刑罰，不僅殘酷野蠻，而且五花八門，種類繁多。其中數「大辟」，即死罪最爲厲害，其次就是使人喪失生育能力的一種酷刑，叫作「宮刑」。根據《尙書．呂刑正義》中的記載我們可以知道，宮刑最初是作爲對亂搞男女關係的人的一種嚴厲懲罰而出現的。宮刑的實施對男女是有區別的。對男子實施宮刑是割去生殖器，古書中寫爲「去勢」或「椓去其陰」，而女子的宮刑則是叫作「幽閉」的刑罰。

最早關於宮刑的記載是在《尙書．呂刑》中。書中寫道，爲了懲奸除惡，制定了劓、剕、刖、椓、黥五種刑作爲法律懲治措施，接著還詳細解釋了這五種刑罰：劓是殺頭、劓是割鼻、刖是剜去膝蓋、黥是在臉上刺字、而椓就是椓陰，即宮刑的意思。同書的「宮辟疑赦」的注解中還提到，宮刑是懲罰淫亂的人，對男子是割勢，而婦人則是幽閉，這是僅次於死刑的刑罰。但是到後來，不只是亂搞男女關係的人會受到這種僅次於死刑的刑罰的懲治，犯別的罪的人也可以處以宮刑。

對於宮刑的實施，男子的宮刑是割去生殖器，這一點已成定論。至於女子的「幽閉」，卻至今眾說紛紜，而且歷史上所記載的種種不同的幽閉例子，更是令人難以分辨孰是孰非。

《尚書正義》上對於幽閉的解釋是這樣的。書中說道，宮刑是一種懲處亂搞男女關係的淫亂行為的刑罰。其中對婦人處以的幽閉，就是把女子關在深牆大院裏不讓外出的一種刑罰。大隋開皇年間，雖然廢除了對男子的宮刑，但是仍然會將婦人關起來。歷史上，把婦女深鎖內院、幽禁終身的事例很多。比如，劉邦死後，呂后羅織了種種罪名，把他的愛妃戚夫人打入冷宮。這種打入冷宮的做法，大概就是受了「幽閉」之刑的啓發。

從「幽閉」兩個字的意思聯想而來的還有第二種說法，這種觀點認為幽閉是把婦女的陰部縫閉起來的一種刑罰。褚人獲的《堅瓠集》裏有不少這類的記載。妒婦虐待被主人看上的婢女，對其亂施刑罰。如把搗爛的蒜放在婢女的陰道內，並且用繩子綁起來，或者用錐子在其陰部鑽洞並在上面加鎖，而後把鑰匙丟棄在井中等等，便是人所想像中的幽閉之刑。不僅荒淫的主子老爺姦污婢媼，殘暴妒忌的主子婆甚至還對之施以酷刑，這真是對封建社會黑暗的慘無人道的控訴了。

此外還出現了第三種觀點。魯迅在《病後雜談》一文中曾有所提及。他說從周到漢，有一種

「宮刑」是施於男子的，也叫「腐刑」，是僅次於死刑「大辟」的刑罰。這種刑罰施於女性就叫「幽閉」，雖然向來很少有人提起那方法，但總之絕對不是將她關起來，或者將它縫起來。但是魯迅並沒有詳細說明這種辦法。

有人從褚人獲的《堅瓠續集》卷四中引明朝王兆雲做的《碣石剩談》中的「婦人幽閉」一條裏得到了一點啓發。書中說道：「婦人椓竅，椓字出《呂刑》，似與《舜典》宮刑相同，男子去勢，婦人幽閉是也。昔遇刑部員外許公，因言宮刑。許曰：『五刑除大辟外，其四皆侵損其身，而身猶得以自便，親屬相聚也。況婦人課罪，每輕宥於男子，若以幽閉禁其終身，則反苦毒於男子矣。椓竅之法，用木槌擊婦人胸腹，即有一物墜而掩閉其牝戶，只能便溺，而人道永廢矣。』」意思是：婦人椓竅的椓字出自《呂刑》，好像與《舜典》的「宮刑」是相同的，對男子去勢，對婦人則施以幽閉。他曾經與刑部員外許公談及宮刑。許認爲，五刑中除大辟外，其於四種刑罰都會侵損一個人身體，但是隨後人還是自由之身的，可以和親屬相聚。何況犯了淫亂之罪，一般都是對婦人施以懲罰，而往往寬恕男子，如果用幽閉來終身監禁婦女，最後反而會使男子由於這個受折磨。而椓竅的做法就是，用木槌擊婦人胸腹，使得有一物墜落下來而掩閉陰道，從此只能便溺，而永遠不能進行性交，這就是幽閉。

研究者認爲，通過敲擊而墜落並掩閉陰道的東西就是子宮，「幽閉」也就是人工造成的子宮脫垂。一般子宮韌帶鬆弛會造成子宮脫垂。生育過多而又勞動過重的婦女，往往得此症。古代刑罰制定者從這些病人身上，或是從制服牲口的辦法裏受到「啓發」，而發明創造了荼毒生靈的「椓竅之法」。但具體怎樣槌擊婦人胸腹，使子宮脫垂的做法，仍然是一個不能確定的問題。

第四種看法的提出者是王夫之。他在《識少錄》中認爲，幽閉是與制馬豕的方法類似，女子的幽閉是挖去生殖器官，消滅性欲，但是國家推行這種刑罰開始，受刑的女子往往死於非命，所以這種刑罰不能繼續施行。所以說在當時不太先進的醫學條件下，這種刑罰是非常殘酷的。

第五種看法是從對椓字的分析來看的。這個字既能做動詞又能做名詞。做動詞時是「敲打」、「槌擊」的意思，做名詞則是表示宮刑的意思。所以也用「椓」來稱呼古代皇宮裏的太監，因爲他們都是閹割過的。《詩經．大雅．召旻》有這麼一句詩：「昏、椓靡共」，鄭玄箋對此的解釋是：昏、椓都是指的閹割過的太監。而孔穎達則認爲這裏的椓是指毀掉其陰部，也就是所說的割勢。本來是槌擊的意思的椓字，怎麼解釋成「割」了呢？原來，割勢與椓陰一樣，其目的都是要使人喪失生育能力（見《尚書．呂刑正義》）。於是有人就認爲既然椓字有「敲擊」、「槌打」的意思，那麼女子的「幽閉」就是用木槌敲打女犯的陰部直到使它碎爛，所以叫「幽閉」。而破損不堪的陰部，當然也就喪失生育能力了。

作爲封建社會的一個產物，「幽閉」早已隨著封建社會的覆滅而不存在了。但它作爲一個存在了兩千多年的一種刑罰，我們肯定有認識研究它的必要，何況，它還是一個沒有被破解的謎，就更不能放棄了。

慘絕人寰的戰爭

四十萬具白骨之謎

白起（?～前二五六）戰國後期秦國將領。其作戰驍勇，善於用兵。秦昭王十三年（前二九四）為左庶長，克韓國新城，次年又克韓、魏王城，斬敵廿四萬而遷國尉。秦昭王四十七年，率兵俘趙兵四十餘萬，因懼俘眾造反，盡殺之。秦昭王四十九年，秦王命其攻邯鄲，其不從，被賜劍自裁而亡。

戰國時候，七雄逐鹿中原，戰亂頻繁。戰國後期，秦趙兩國在長平（今山西高平西北）大戰，戰鬥空前激烈，最後秦勝趙敗。說到慘烈，沒有比這一戰更加駭人的了。

長平之戰在歷史上是赫赫有名的，單是司馬遷的《史記》就有兩處記載了這次戰鬥，一處記在卷五的《秦本紀》中，大意說：秦昭王在位的四十七年（西元前二六〇年），秦國去攻打韓國的上黨，上黨投降了趙國，秦國以此為藉口，又去攻打趙國，趙國發兵抗擊，雙方苦戰了很久。秦國派大將白起帶兵去進攻趙軍，大敗趙軍於長平，把趙軍四十多萬人都殺掉了。

另一處記在卷四十三的《趙世家》中，大意說：趙孝成王七年（即秦昭王四十七年），免去了廉頗的將軍之職，用只會空談不會實戰的趙括（？～前二六〇）代替他。結果秦軍包圍了趙括，趙括率軍投降後，他手下的士卒四十多萬人全被秦軍活埋了。這兩段記載都說明了一個問題，那就是長平之戰中，趙軍四十多萬人被活埋或被殺。

北宋時，司馬光的《資治通鑑》對長平之戰是這樣記的：趙括親自帶了精銳部隊跟秦軍戰鬥，被秦軍射殺。趙軍大敗，士卒四十萬人都投降了。秦將白起認爲，當時秦國已打下上黨，上黨民眾不樂意投降秦國，而願意歸降趙國。留著這些趙國的降卒是很危險的，特別容易出現反覆，要是不把他們都殺了，他們恐怕會帶動上黨的民眾作亂。因此白起設計謀把四十萬趙國降卒全都活埋了，只留年紀較小的兩百四十人，叫他們回趙國去。秦軍前後總計殺了趙軍四十五萬人，使整個趙國人心惶惶，失去了抗敵的信心。

中國古代兩大歷史學家司馬遷和司馬光都是嚴肅治學的人，既然他們說秦趙長平之戰趙軍損失四十萬人，人們就不加懷疑了。現代許多著名歷史學家在他們的著作中還沿用著這種說法。如郭沫若的《中國史稿》記長平之戰時說：「趙軍四十多萬被俘，白起把趙的降卒殘酷地全部活埋。」翦伯贊的《中國史綱要》記長平之戰時說：「趙軍被困於長平，因絕糧而全軍降秦，秦將白起坑殺趙卒四十餘萬人於長平。」

他們的根據當然是司馬遷在《史記》中的記載。可是，南宋時對經學、史學、文學都很有研究的大學問家朱熹對此卻提出了疑問。有一次，他在給學生講課時說：司馬遷說長平坑殺趙軍四十萬人，這是不能令人相信的。趙軍戰敗是事實，如說四十萬人被活埋，那要多麼大一片地方呀！趙軍將士都身經百戰，哪有四十萬人肯乖乖去死的道理？

朱熹提出的疑問，引起了許多人的思考。不錯，活埋四十萬人，那需要很大的一片土地。如果把四十萬人埋在一個地方，若干年後，這地方要是挖出來，必然是累累白骨，慘不忍睹，成爲轟動一時的事件。可是自戰國以後，歷朝歷代的史書中都不見有長平發掘到大量白骨的記載，難道那四十萬具遺骸全都腐爛得不留一點蹤跡了嗎？如果是被活埋的，這四十萬將士究竟埋骨何處？

也有人根據唐朝人杜佑的《通典》中所記東周時全中國人口數做過一個估計，認爲當時趙國不可能被活埋這麼多士卒。根據《通典》，在比長平之戰早四二四年的周莊王十三年（西元前六八四年），全中國的人口數是一八四九二三〇人。如果說四百多年中，人口增長了一倍，也不過是二千多萬人。戰國諸國之中，除秦、楚、齊、燕、韓、趙、魏七雄以外，尚有宋、衛、中山等許許多多小國。七雄是大國，其人口的總和可能會占到全國人口的絕大多數，但平均一個國家也只有兩百多萬人左右。這麼說來，長平被坑殺的四十萬人就要占到趙國全國人口的五分之一左右了。而且這四十萬人也不是趙國軍隊的全部，頂多只是其軍隊的半數，因爲趙國只有這四十萬軍隊，豈不是當時就亡國了？

在《史記》中，還記載著後來秦趙之戰中趙軍被消滅九萬、十萬等好幾個數字，把這些數字和趙國在其他戰爭中損失的人數加在一起，再加上長平的四十萬，則趙軍的總人數將近一百萬人，也就是占到了趙國人口的半數，即趙國人中兩個人就有一個當兵的，這豈不是太離奇了？所以說，長平之戰趙軍被活埋四十萬的記載是經不起推敲的。

總之，長平之戰以後，趙國將士究竟死了多少，還是不得而知，因爲到現在還沒有發掘出將士埋骨的地點。或者，根本就不存在這麼一塊殘忍的土地？這可能是中國歷史上的一個千古之謎了。

蒙昧與野蠻的產物

食人的風氣之謎

在約十萬至二十萬年前的北京周口店遺址中，考古學家發現頭骨化石要比四肢及軀幹骨化石多得多，依此學者推斷在遠古時代，古人有食人的現實。在《隋書．流求傳》中亦有「南境風俗稍異，人有死者，邑里共食之」的記載。據推測，古代的食人之風多是由食物缺乏而起。

新幾內亞原始部落的人群中患有一種稱之爲「庫魯病」的怪病，得此病的患者一直大笑不止。患這種怪病的原因是什麼呢？長期以來，人們爲之困惑不解，直至前些年，病理學家卡爾登．戈杜賽克深入該原始部落進行考察。證實了這種傳染性不治之症是因爲當地人食人腦的習俗引起的。卡爾登．戈杜賽克因爲這個發現獲得了諾貝爾獎金。那麼，在人類蒙昧時代，真的存在食人之風嗎？人們又是如何處置死者的？

研究者認爲，在遠古時代，由於極端低下的生產力，極度缺乏生活資源，人類的生存時刻受到死神的威脅。而喪失勞動能力的老年人成了社會的極大負擔，出現了「老年人還是青壯年人誰生存下去」的問題，當只能在兩者中選擇一個時，爲了維持整個氏族的生存，爲了維持青壯年人的生存，只有殺掉老人充饑；人們分割死者的屍體充饑，人類食人之風就在這種情況下產生了。

在我國的一些史籍中，都出現過關於「吃人」的記載。《墨子．魯問》說：「楚之南有啖人之國焉，其國長子生則解而食之，謂之宜弟。」《隋書．流求傳》說：「南境風俗稍異，人有死者，邑里共食之。」《後漢書．南蠻西南夷傳》注引萬震《南州異物志》說：「烏滸，地名也。在廣州之南，交趾之北，恒出道間伺候行旅，輒出擊之。利得人食之，不貪其財貨，並以其肉爲肴殖，又取其髑髏破之以飲酒。以人掌趾爲珍異，以食長老。」元代的周致中《異域志．啖人國》說，烏滸人「凡父母老則與鄰人食之，遺其骨而歸之。其鄰人之父母老，亦還彼食之。不令自死爲葬汙地，食則死後免在生之業。」《太平御覽》卷七九六引《永昌郡》說：「僚人喜食人，以爲至珍美……」該書卷七八六還引《南州異物志》說，烏滸，「出得人歸家合聚鄰里，懸死人中當，四面向坐，擊銅鼓歌舞飲酒」。

美國地質專家魏敦瑞在一九三九年至一九四〇年發表的《中國猿人是否殘食同類》一書中指出，他最初參加發掘北京周口店北京猿人的時候，北京猿人化石產地發現頭骨比軀幹和四肢骨要多的現象，猜測北京猿人當時存在食人之風。在我國的一些少數民族中，至今還流傳著這樣的傳說：他們的先人在遠古時代建房屋時要分食父親，蓋禾倉時要分食母親，人死後屍體必須讓活者分食。

不光在我國古代的一些原始氏族中存在著食人的風俗，在世界其他民族當中也被發現過。達爾文在《一個自然科學家在貝格爾艦上的環球旅行記》中，描寫了南美洲火地島的食人之風：

「……在冬天，火地島人由於饑餓的驅使，就把自己的老年婦女殺死和吃食。」

赫胥黎在《人類在自然界的位置》一書裏，也記載有十六世紀非洲的吃人的情形。美國記者約翰・根室一九五五年出版的《非洲內幕》，也記下了非洲人以人肉爲食的習慣：「盧拉巴河下游附近是撒姆拉帕蘇人，其中有些至現在還吃人肉（即使是偷偷吃吧）。」「在北羅得西亞……直到最近，吃死屍的情形還是非常普遍。」恩格斯也曾指出：「柏林人的祖先，韋累塔比人或維耳茨人，在十六世紀還吃他們的父母。」

這些資料表明，在遠古的人類社會時代，人類的歷史上確實存在過食人之風，這在現代人看來是極爲野蠻可恥的行爲，但原始人處於蒙昧時代，他們認爲是在情理之中的事情，爲了維持現存者的生存吃掉老弱者或死者的肉，不是不合邏輯的。

皇帝真是苦差事（原名：少傻了，皇帝有什麼好做的?）

作者：劉樂土
出版者：風雲時代出版股份有限公司
出版所：風雲時代出版股份有限公司
地址：105台北市民生東路五段178號7樓之3
風雲書網：http://www.eastbooks.com.tw
官方部落格：http://eastbooks.pixnet.net/blog
Facebook：http://www.facebook.com/h7560949
信箱：h7560949@ms15.hinet.net
郵撥帳號：12043291
服務專線：(02)27560949
傳真專線：(02)27653799
執行主編：朱墨菲
美術編輯：吳宗潔
法律顧問：永然法律事務所 李永然律師
北辰著作權事務所 蕭雄淋律師
版權授權：劉樂土

初版換封：2016年9月
ISBN：978-986-352-343-7

總經銷：成信文化事業股份有限公司
地 址：新北市新店區中正路四維巷二弄2號4樓
電 話：(02)2219-2080

行政院新聞局局版台業字第3595號 營利事業統一編號22759935

國家圖書館出版品預行編目資料

皇帝真是苦差事／劉樂土著.-- 初版.
臺北市：風雲時代，2016.04 -- 面；公分

ISBN 978-986-352-343-7（平裝）

856.9 105005546

原價：280元
限量特惠價：199元